英语语言学理论透视及其教学应用

樊振华　著

中国原子能出版社

图书在版编目 (CIP) 数据

英语语言学理论透视及其教学应用 / 樊振华著.
-- 北京：中国原子能出版社，2023.3
ISBN 978-7-5221-1370-8

Ⅰ.①英… Ⅱ.①樊… Ⅲ.①英语—教学研究 Ⅳ.
① H319.3

中国国家版本馆 CIP 数据核字（2023）第 048963 号

内 容 简 介

　　语言的应用范围在不断扩大，人类进行语言研究的问题和切入点也变得更加丰富。本书以语言学与英语教学为研究对象，分析了语言学各大分支理论的内涵和相关内容，涉及词汇学、句法学、语义学、语用学、文化语言学、社会语言学、认知语言学、应用语言学等理论，并研究了这些分支理论在英语教学中的具体应用，从而提出英语教学改革的策略。本书内容全面、论述充分，有利于读者在加强理论学习的同时在脑海中形成整体框架，对于深化读者对语言现象的理解、拓展读者的思维都大有裨益。

英语语言学理论透视及其教学应用

出版发行	中国原子能出版社（北京市海淀区阜成路 43 号 100048）
责任编辑	张　琳
责任校对	冯莲凤
印　　刷	北京亚吉飞数码科技有限公司
经　　销	全国新华书店
开　　本	710 mm×1000 mm　1/16
印　　张	15
字　　数	236 千字
版　　次	2024 年 3 月第 1 版　2024 年 3 月第 1 次印刷
书　　号	ISBN 978-7-5221-1370-8　　定　价　86.00 元

网　　址：http://www.aep.com.cn　　E-mail:atomep123@126.com
发行电话：010-68452845

前　言

在人类文明不断发展的过程中，语言学发挥了深远的影响。语言学这门学科经过长期的发展，现在已经成为一门涵盖各个语种的独立学科。从广义上说，语言学包含世界上每一种语言，但这里我们主要对英语语言学进行探讨。随着社会实践的不断积累与社会生产力的逐渐提高，语言逐渐走向成熟与多样。具体而言，语言应用的范围更为广泛，并且产生了很多与语言相关的理论。一些学者将语言学的理论运用到具体的实践中，尤其是语言教学的实践。从语言教学理论的整个发展过程来看，英语教学理论的产生和发展与英语语言学关系密切，它们是一脉相承、相互促进的。可以说，英语语言学理论为英语教学提供了充足的理论依据。在新的时代发展背景下，有必要对英语语言学理论最新发展情况展开研究，并探讨其在英语教学中的应用。为此，作者在参阅大量相关著作文献的基础上，精心策划并撰写了本书。

本书共包含十章。第一章、第二章为总述，对语言、语言学、语言教学的基础知识展开分析，并探讨了语言学与英语教学的关系。第三章至第十章为分述，从英语语言学的各个分支理论入手，探讨各个理论指导下的英语教学策略，主要涉及词汇学、句法学、语义学、语用学、文化语言学、社会语言学、认知语言学、应用语言学理论及其在英语教学中的应用。在章节内容安排上，以第三章为例，首先分析了词汇与词汇学的相关内涵，进而探讨词汇学的研究内容，最后分析词汇学理论在英语教学中的应用分析。

本书结构合理、重点突出、语言流畅、逻辑清晰，有助于读者顺利建构语言学理论框架，并对这一理论应用于英语教学领域有一个更加清楚的认知。同时，本书以语言学的各个分支理论为核心，从多个层面介绍了相关理论的主体内容以及在英语教学中的应用，旨在为国内英语教学改革的进一步发展添砖加瓦。本书不仅可以为语言学习者、研究者提供参考，而且还可以为英语教学领域的相关人士提供帮助。

　　本书在撰写过程中得到了山西能源学院李丽丽副教授的诸多帮助，其主持的山西省教育厅软科学项目《"一带一路"视域下山西外宣翻译研究——以晋商文化为例》（编号：2019041034-4）和山西省教育厅一流课程《大学英语一》（编号：K2022295）对本书的撰写有非常大的帮助，在此表示诚挚的感谢！由于时间仓促且作者水平有限，书中疏漏之处在所难免，在此恳请广大读者不吝指正。

作者
2022年11月

目　录

第一章 英语语言与语言学概述

自人类社会出现语言以来，人们就展开了对它的研究。在长期的研究过程中，人们积累了丰富的经验，形成了系统的语言理论知识，并逐渐形成了一门独立的学科——语言学，本章作为全书开篇，首先分析语言、语言学的相关基础知识，从而为下文的展开做好理论铺垫。

第一节 语言的基础知识分析

一、语言与言语

（一）语言的含义

语言，可以说是一种交际工具，它借助各种系统的、复杂的声音传递形形色色的内容，如各种复杂的情感或包罗万象的意义等。观察角度不同，语言所传递的内容或所表达的感受也是不同的。首先，从形式上分析，语言通过声音传达（即语音）。语音是一个复杂的系统，它是由人的发音器官发出的单个或多个语音单位组成。每个民族都有自己的语音构成成分及特点。其次，从内容上分析，语音传达的具体意义（即语义）既可以是客观世界本身的状态，也可以是人们的主观态度，甚至是虚构的内容。[①]语义由许多具体单位所体现，如词汇、句子等。最后，从组织结构上分析，语言虽然包括语音、语义和词汇，但是语音、语义和词汇只有依靠一定的方法联系在一起，才能表达一定的思想和内容。而这个联系语音、语义和词汇的方法就称为语法。由此可以分析出，语言是一个由语音、语义、词汇和语法构成的复杂的、功能强大的符号系统。

其实，至今语言都没有一个公认的定义。我们只能从语言学家对语言的相关研究中综合总结出一个定义：语言是人类特有的，是重要的交际工具、思维工具和文化载体，是语音、语义、词汇和语法相结合的符号系统。

从这个定义中，我们可以分析出四个方面内容：第一，语言是人类独有的，是其他动物所没有的；第二，语言具有自身的特殊性；第三，语言由语音、语义、词汇和语法组成；第四，语言是人类交际活动和思维活动的重要工具和载体。

（二）言语的含义

言语包括两方面的含义：一方面是指人们运用语言的行为动作，即"言语活动"，如"某人不言语了"，这里的"言语"明显是指运用语言的行为，而不是指语言；另一方面是指人们讲的话和写的话，即"言语作品"，具体是指人们运用语言的产物，如我们写的句子、文章等，就属于"言语产品"，而不属于语言。因此，言语与语言明显不同，我们不能将二者混淆。语言是全社会成员共同使用的工具，言语则是个人对语言的使用及使用结果。语言是言语的重要组成部分。使用同一种语言，不一定会产生同一种言语。

[①] 池昌海.现代语言学导论[M].杭州：浙江大学出版社，2007.

（三）正确理解语言与言语之间的关系

1.语言与言语相联系

语言与言语之间的联系体现在以下几个方面。第一，语言与言语紧密相连、互为前提。语言是言语的重要组成部分。语言要成立，必须依赖一定的言语行为和言语作品；而言语要被人理解，必须依赖一定的语言来表达。第二，语言与言语相互依存、互为结果。语言是从言语中抽象概括出来的公共模式，言语是个人具体运用这种公共模式的结果。这就好比下棋，棋子和规则都是相同的，但个人运用相同的棋子和规则下棋的方法不同，而且个人的棋艺也有高低之分。第三，语言存在于言语中。个人言语使用的词汇、语法规则是有限的、不完全的，只有集体的总和才是完全的。此外，语言还以潜在的方式存在于人们的大脑中。储存于每个人大脑中的语言系统合在一起等于集体的语言系统。集体的语言系统是完全的，而储存于每个人大脑中的语言系统是不完全的。

2.语言与言语相区别

语言与言语的区别主要表现在以下几个方面。

第一，语言是抽象的，言语是具体的。普通名词虽具有指称性，但不具体指称某个事物，只有在具体言语环境中，它们的意义才会具体化。

第二，语言是现成的，言语是临时的。语言是指语音、语义、词汇等，按照一定的语法组合起来构成的完整的符号系统，是特定社会文化条件下约定俗成的，并被人们接受和遵循。在交际活动中，人们运用现成材料和规则组词造句。而言语是指自由词组、句子、句群等，是人们将语言单位按组合和聚合规则临时组织起来的，是言语活动的结果，因此言语不是现成的、固定的。①

第三，语言是有限的，言语是无限的。语言单位是有限的。例如，现代汉语有23个声母、24个韵母，构成约408个音节，加上声调变化，共约1313

---

① 王远新.语言学教程第3版[M].北京：中央民族大学出版社，2017.

个音节。这些有限的声母、韵母和音节，可构成约一万个常用词。商务印书馆出版的《现代汉语词典》的收词包括字（词素）、词、词组、熟语、成语，共五万六千余条。依据这些有限的语言单位和语法规则，我们可以组合出无限多的句子。

第四，语言具有潜存性，言语具有表现性。语言潜存于人们的大脑中，每个人的大脑中都潜存着一套相对完整的语言符号系统。在交际时，人们通过脑神经和发音器官，从潜存的语言符号系统中选词造句，外化为言语活动。对语言来说，言语具有表现性；对言语而言，语言具有潜存性。

第五，语言具有结构规则性，言语具有语境制约性。语言有约定俗成的组词造句规则，可以表达任何思想。然而，在言语活动中，并不是所有符合规则的句子都能顺利完成交际，它要受一定的语境的制约。语境包括上下文语境、交际语境和社会文化语境。符合语言规则的句子不一定符合特定的语境，而不符合语境的句子一定会影响交际效果。

正确地区分语言与言语，对于语言教学和语言研究具有重要的意义。它不仅能帮助人们更好地理解语言，而且还有助于提高人们运用语言的能力，从而能在交际活动和思维活动中更从容地表达自己的思想。

二、语言的起源

综观语言起源研究历史可以看出，人们对于语言的起源一共有三种假说，即神授说、人创说、进化说。

（一）神授说

神授说出现最早，延续时间最长，从远古时代一直延续到17、18世纪。在这段时期内，科学文化不发达，人们认知能力低下，因此人们普遍认为世界万物（包括语言在内）都是神的安排。

神授说认为，语言是区别人和其他动物的主要标志，神将语言赐予人，因此人是万物之灵。与后世语言一样，原始语言也是有声的。原始语言是神授的，因此必须尽善尽美。

《圣经·创世纪》第十一章中写道：天下的人原先都讲一种语言，亚当偷吃智慧之果后，他的后代变得越来越聪明，可以彼此协调动作。他们要齐心协力修建通天高塔，这事触犯了上帝。上帝想，天下的人都说一样的话，如今既能做出这等事，将来更没有做不成的事。为阻止人们修建通天高塔，上帝变乱了他们的语言，天下便有了各种不同的语言。[①]

早期的人类在对自然界和人类社会一切异己力量及自身行为感到困惑不解又想自圆其说时，便臆造出神。可见，神授说是人为了满足解释欲望而创造的假说。神授说是原始信仰的反映，它是人类认识处于原始阶段的表现。

（二）人创说

在神授说盛行期间，人创说也开始流行。从公元前6—7世纪开始，许多国家为考察最古老的语言尝试了各种实验，但多数以失败而告终。近几百年来，也有很多关于"野孩子"的报道。《剑桥语言百科全书》实录中就列举了48个野孩子，最早的是1344年发现的7岁的黑森狼孩，最晚的是1961年发现的14岁的德黑兰猿孩。在这48个"野孩子"中，年龄最小的2岁，最大的23岁。科学家们尝试教这些孩子说话，但都没有取得成效。这些孩子们虽能学会一些词语，但还是不能像正常人那样流利地表达。这反映了两个问题：一是离开人类社会，幼儿要完整地学会人类语言，需要生活在人类社会中；二是语言学习具有阶段性，如果错过时机，人很难学会人类语言。以往的实验和"野孩子"的实例表明，语言是人类特有的，语言的获得离不开人类社会。但是，这些实验和"野孩子"的实例也不能说明人类是如何创造语言的。

17—18世纪后，社会发生了巨大变化，科技取得了一定进步。在这一时

---

① 何俊芳.语言人类学教程[M].北京：中央民族大学出版社，2005.

期，哲学理性主义兴起，人创说得到了更多人的认可，他们普遍认为人类创造了语言。为了解释人类如何创造有声语言，人们提出了以下几种观点。

1.手势说

持有手势说观点的人认为人类最初是用手势进行交流。心理语言学创始人冯特认为，人类传达思想主要先用手势，声音只是伴随手势发挥辅助作用。随后，才逐渐开始使用有声语言表达思想。因此，手势语是第一性的，有声语言是第二性的。苏联语言学家尼古拉·马尔也认为人类最早是用手势交际的。

手势在交际中确实发挥了相当重要的作用。人直立行走后，手被解放出来从事其他活动，手势交际便是一个基本功能。但是，人们用手势传递信息也有局限性。例如，在黑暗、距离较远或障碍物遮住视线的环境中，就不适合用手势传递信息，更不适合表达抽象、复杂的概念。劳动时也不方便用手势进行交际。因此，手势说是人类语言形成过程的一个阶段，但是并不能说明有声语言是如何产生的。

2.感叹说

持有感叹说观点的人认为，人类有声语言由抒发感情的各种感叹声音演变而来。人们因内心感受或外部刺激而发出各种感叹声。这些感叹声起初只是单纯地表达人的情绪，与特定意义并无关联。随着特定声音与特定意义在人脑中产生特定的联系，感叹词才应运而生。可以说，人类原始语言是从感叹的声音演化而来的。

古希腊科学家德谟克利特认为人类语言起源于具有单纯情感性质的音节。18世纪法国哲学家卢梭的"感情论"也论述了这个观点。德国哲学家赫尔德认为最早的语言只是一些表达情感的音。古老的东方语言也充满了感叹词。在他们的语言中，人类出于自然本性的感叹便是使用最早、最简单的动词词根。

感叹说提到了原始人表达情绪的声音逐渐转化为表达思想的语音，在说明语音和感叹词来源方面具有一定的价值，但是这一观点还存在一定的局限性，即不能用来解释语言是如何产生的。具体来说，其局限性主要表现在：

一是感叹词数量极少；二是感叹词只用于表达情感，不能作为其名称，更何况表示情感的词不只限于感叹词。尽管人类各种语言都有数量不等的感叹词，但是表示事物名称和动作行为的词才是词汇的主要部分，而这些词是无法用感叹词表示的。

此外，感叹说也无法解释感叹词是如何演化成其他词的，更无法说明感叹词可以发展成为完整的语言系统。萨丕尔明确指出：即使我们能证明整个语言在它原始的历史和心理基础上，都可以追溯到感叹词，我们仍然不能说语言是一种本能活动。没有任何证据可以证明语言成分和语言程序是从感叹词演化来的。感叹词只是语言词汇中极小的和功能上最不重要的一部分，它们不会成为语言的主要组成部分。[①]

3.摹声说

持有摹声说观点的人认为，有声语言是人类模仿自然界各种声音逐步演化而来的。古希腊哲学斯多葛学派及17、18世纪以后的一些欧洲学者赞成这一观点。清代学者张行孚《字音每象物声》指出，古人造字的时候，总是使字音和事物的声音相类似。清末民初学者章太炎认为，最初的语言的发生是与人对自然界的接触和感受有关的，原生造词源于自然之声的提示。例如，"蛙、鸡、鸭、鹅、鸦、猫、蟋蟀"等，人们以鸣叫声为其命名。

可以说，人类语言都有一些模拟自然界声音造出的摹声词。摹声是造词的一种手段，在语言形成和发展过程中发挥了一定的作用，但摹声这一造词手段并不能说明语言的起源。首先，摹声词的数量和功能有限。其次，如果语言起源于摹声，世界上不同种族的人发音器官大体相同，世界各种语言的摹声词也应大体相同，但实际情况并非如此。在不同的地方、不同的语言中，对于同一事物的表述可能并不一样。此外，客观世界中的许多事物，如太阳、月亮等，以及抽象的概念（如心灵、灵魂、想法等），根本无声可摹。[②]

---

① 何俊芳.语言人类学教程[M].北京：中央民族大学出版社，2005.

② 王远新.语言学教程[M].北京：中央民族大学出版社，2009.

4.劳动号子说

持有劳动号子说观点的人认为，有声语言由原始人在集体劳动中发出的劳动号子声演化而来。在集体劳动中，人们因肌肉活动而发出伴随劳动的叫喊声，并逐渐变成某种劳动操作信号，即特定号子表达特定动作，并在此基础上产生了语言。《淮南子·道应篇》说："今夫举大木者，前呼'邪许'（古音读作'呀呼'），后亦应之。此举重劝力之歌也。"后来，这种有节奏的"邪许"（呀呼）与表现某种意义的简单语言结合起来，便是上古的歌谣。劳动过程中的叫喊声是人们的本能反应，在集体劳动中发挥了协调动作、减轻疲劳的作用，虽然在一定程度上表达了特定意义，但交际作用却是有限的。因此，劳动号子说也不能说明语言的起源。

5.社会契约说

持有社会契约说观点的人认为，人类最初没有语言，只是在后来大家彼此相约，规定了一些事物的名称，才逐渐产生了语言。荀子在《正名篇》中指出："名无固宜，约之以命，约定俗成谓之宜，异于约则谓之不宜。名无固实，约之以命实，约定俗成谓之实名。""名"的产生由社会约定，无所谓合理与否。合于约为合适的名称，不合于约则不是合适的名称，名称与其所指没有必然联系。在他看来，"若有王者起，必将有循于旧名，有作于新名"，即如有王者（圣君）出，必定会维持原有词汇（指刑法、政制、礼仪等方面的专名），创造新词以适应新的体制。[1]

法国哲学家孔狄亚克在《人类知识起源论》中假定，两名新生儿独立生活在沙漠中，他们自然地进行交往。在交往过程中，类似情景的一些刺激使他们逐渐形成一种习惯，把他们的喊叫、手势与思想联系起来。这样最早的词义就约定俗成了。法国哲学家卢梭也主张社会契约说。卢梭在《论语言的起源》中指出，语言最初是人类经过仔细考虑互相约定的，这种约定和社会制度的"民约"一样，都是社会秩序的基础。

把语言看作一种民约和社会制度，看作社会秩序的基础，用其解释人类

---

[1] 王远新.语言学教程第3版[M].北京：中央民族大学出版社，2017.

语言形成后发挥的作用，这是正确的，但用社会契约说解释语言的起源则是不合适的。

综上所述，人创说认为语言是人类在生产劳动和社会实践中创造的。但是，人创说的几种观点论述都比较片面，均无法从根本上解释语言起源。

（三）进化说

1876年，恩格斯的《自然辩证法》讨论了语言起源，激发了人们探索语言起源的热情。恩格斯在"劳动在从猿到人转变过程中的作用"中指出：语言是人类在集体劳动过程中，为适应交际的需要而产生的，并且是与抽象思维同时产生的。劳动在创造了人的同时创造了语言。也就是说，劳动为语言的产生奠定了生理、物质、思维和社会基础。劳动促进了手脚分工和直立行走，以及肺部和喉头的解放，进而促进了原始社会内部的相互帮助和共同协作。

恩格斯的观点是依据19世纪各门学科特别是生物进化论取得的成就对语言起源的精辟论述。他关于语言起源于劳动的学说无疑是正确的，回答了语言起源的条件：劳动决定了产生语言的需要。然而，他并没有指出语言本身是如何产生的。

随着科学技术的发展，从20世纪二三十年代开始，自然科学界的学者也开始关注语言的起源。他们采用科学研究方法，开辟了研究人类及语言起源的一些新途径，并形成了"语言遗传学"。语言遗传学主要研究儿童和人类语言的形成与发展，涉及生物学（特别是社会生物学）、灵长类动物学、考古学（特别是考古人类学）、心理学（特别是儿童心理学和行为科学）、符号学、神经病理学（特别是大脑进化研究）、语言学、认知科学等领域。[1]

语言起源历史悠久，人们无法回到几万、几十万年之前考察语言是怎样产生的，便试图从人类近亲中找到答案。人类是在生物进化最后时刻才和自己的近亲分家，走上独立发展道路的。在进化过程中，黑猩猩与人类有过很

---

[1] 何俊芳.语言人类学教程[M].北京：中央民族大学出版社，2005.

长的共同经历，相互间有许多相同和相似之处。于是，一些学者尝试培养黑猩猩的语言能力，试图通过实验探索人类语言的起源。然而，实验证明，黑猩猩始终无法学会人类语言，人们难以从黑猩猩学话的过程中探索语言的起源。人们又把目光转向了人类自身。儿童几年内就能习得一种语言，这或许可以成为探讨语言起源的突破口。1874年，德国生物学家海克尔建立了生物重演律，即高等动物胚胎的成长过程重演了它的物种进化过程。例如，人类胚胎在母亲肚子里的发育过程只有十个月，却重演了人类由单细胞生物经过鱼类、两栖类、爬行类到哺乳类的几十万年进化史。在婴儿胚胎发育的不同阶段，上述不同类动物的生理特征相继出现，直到九个月时才完全消失。[①]

受生物重演律启发，语言学家希望从儿童习得语言过程发现语言起源、发展及认知方式的线索。观察和研究婴儿学话过程具有两方面的启示：一是语言学习、脑量增加、智力或思维的发展大体同步，它们相互协调、相互促进，使语言和思维能力得到长足发展；二是人类最初的语言可能从独词句逐渐发展而来。但是，婴儿学话研究的观察对象毕竟是现代人，与人类先祖相隔的时代过于久远，各方面条件发生了巨大变化，因此这类研究也只能给出一些有益启示。为使讨论向更深入、更具体的方向发展，学者们通过测量古人类化石的脑容量，判断其思维发展水平，从而推测语言起源的相对年代，最终发现在旧石器时代晚期，晚期智人的脑容量已和现代人基本相同，其思维已能具备产生语言的条件。

从生理结构看，类人猿的口腔和喉管基本呈直线状，喉头直接插入口腔。这样的声道系统难以通过改变舌头的形状改变声道，并发出清晰的声音。早期智人代表尼安德特人的喉头和口腔夹角大于90度，喉头仍直接插入口腔。美国科学家、语言学家列伯曼依据化石构拟了人类远祖的发音器官，并与婴儿、成人、灵长目动物比较。电脑模拟其发音能力的结果表明，非洲南猿、尼安德特人和灵长目动物（黑猩猩）、婴儿一样，都不能清晰地发出a、i、u这几个元音，而这些元音正是人类最基本的有声语言。据此可知，尼安德特人还不可能掌握有声语言。

---

① 王远新.语言学教程[M].3版.北京：中央民族大学出版社，2017.

　　语言学家和解剖学家进一步比较尼安德特人和现代婴儿、成年人的声道系统后发现，现代新生儿的声道和尼安德特人非常相似。现代人的喉部位置较低，在声带上方有一个较大的音室（即咽腔），这种解剖结构能辅助人们发出不同的音节和音素。除现代人外，所有哺乳动物的喉头都位于喉咙高处，发音十分有限。儿童的体质发育史折射了人类体质进化史。为满足吃奶和呼吸的需要，婴儿喉部位置较高，但在18个月后开始下移，14岁时达到成人的位置。这说明，如能确定喉部在人类进化不同阶段的位置，就可对个体的发音状况或语言能力做出某些推断。这是解剖学家利用化石头骨底部形状模拟发音器官构造、推断人类祖先发音功能的依据。

　　解剖学家的研究结果表明，尼安德特人可能只会发几个前辅音和类似中元音的语音，还不能区分鼻音和口腔音。即使这样的语音能力，也已大大超过了当代的灵长目动物。然而，尼安德特人的智力水平还无法利用有限语音编排语言密码，还处于有声语言形成的过渡期。到晚期智人时期，原始人的口腔大大缩短，喉头位置显著下降，舌根部分自由活动的余地随之扩大，这为发出清晰的声音提供了生理条件。加之晚期智人智力水平的发展，人们推测这个阶段的人类才可能产生有声语言。

　　目前，大家一致认为有声分音节语言的历史可能只有四五万年，但原始劳动、混沌意识、直观思维、动作性抽象思维的历史却要长得多。也就是说，人类或称"前人类"曾经历了约300万年无声语言时期，只能利用原始的"前语言"交际手段（如动作、面部表情、手势、呼叫等）勉强维持交际。

　　总体来说，关于人类语言起源的认识，进化说可谓前进了一大步。语言必须用清晰的声音表达一定的意义，这种声音可以分解、按一定规则重组，并构成有机的系统。有些动物能发出比较清晰的声音，但其声音不能分解为更小的组成部分，更不能按一定规则重组。因此，动物的声音只能是信号。信号和语言的区别不在于声音本身复杂与否，而在于能否分解和重组，是否成系统。人类语言起初可能比较简单粗糙，但它已具备可分解、能重组的表义特点，与动物叫声有本质区别。

三、语言区别于其他物种语言的特征

语言对于人类来说至关重要，它具有其他物种语言不可比拟的独特特征。

（一）二层性

二层性是指语言具有两层结构的特性。在语言中，上层结构指词之类的上层单位，底层结构主要指语音。上层结构由底层结构的元素构成。每层结构都有独特的组合规则。也就是说，话语的组成元素是语音，语音可组成词。语音是无意义的，而词之类的上层单位是有明确意义的。上层单位虽有意义却无法分成更小的元素。

语言的二层性使语言拥有了一种强大的能产性。大量的单位由很少数量的成分组成。运用大量的词可以产生无穷的句子，这些句子又可以形成无穷无尽的语篇。

（二）任意性

任意性是指语言符号的形式与所表达的意义之间没有必然的联系。语音与语义相结合构成语言符号，但是语音和语义之间没有联系。语义是人们对某一类事物抽象概括的反映，是人们思想的体现，它并不能代表事物本身。语言符号能代表事物，但语音和事物之间没有直接联系，需要依靠语义来沟通二者之间的联系。若没有语义，那么语音与事物之间就不能建立联系，从而也就没有语言符号了。

由于语音形式与语义内容之间的关系是任意的，因此相同的语义内容可以跟不同的语音形式相结合，相同的语音形式也才有可能与不同的语义内容相结合，使语言符号的任意性赋予了语言表达几乎无限的灵活性。①

---

① 叶宝奎.语言学概论[M].3版.北京：中国人民大学出版社，2013.

　　一些人认为拟声词语音形式与语义内容之间的关系不是任意的，因为拟声词的语音形式要以所拟事物的声音为依据。然而，拟声词的存在并不能否定任意性原则。因为一切语言词汇中的绝大部分词语和客观事物的联系完全是任意的，拟声词只是近似于某种声音，而且是约定俗成的模仿。各种语言中相应的拟声词尽管语音相近但仍是不同的，而且随着语音的演变也会发生相应的变化。也有一些人会把感叹词看作对现实的自发表现，但是我们只要把不同语言的感叹词进行比较就明白了。例如，最常用的感叹词，北京话为"唉"，英语为oh。

　　我们还需明白，任意性只能说明语音形式和语义之间并没有必然的联系，并不能说明人们可以自由选择语音形式，也不能说明人们可以随意理解语义。

（三）线条性

　　线条性是指人们在说话时，语言符号是依次出现在时间线条上的。在同一时间里，人们是不能说出两个符号或两个语音单位的，而且，语音符号也不能在同一个空间面上呈现。语言的线条性特征体现了语言具有长度，语言要素需相继出现，而且不能同时出现两个语言要素。

　　此外，从语言符号的表现形式上也可以看出语言具有线条性。话语首先表现为具有语义的一连串音波，它只能一个音位接着一个音位，一个词接着一个词地说出来，从而构成一种链式排列。语言符号的线条性使得语言要素能够一个挨着一个地进行组合，构成不同的组合体。

（四）稳定性

　　稳定性是指语言符号一旦确立，便不会轻易更改。语言的稳定性是由语言作为交际工具的职能决定的。若语言频繁变动，人们之间的交际将难以正常进行。经过一代一代的遗传，一些语言符号已既定，人们只有接受。也就是说，处在一定阶段的语言是稳定的。稳定性为处在某一时点上的语言状态进行静态描写提供了可能。

（五）可变性

语言符号和整个语言体系是具有可变性的。语音形式和语义内容需相互适应，但又不相适应，二者之间的矛盾关系必然导致变化，而语言会随着语音形式和语义内容的变化而发生变化。同时，语言与社会保持着密切的关系。随着社会的发展，语言也要相应发展，以满足社会交际的需求，从而更好地为社会服务。

四、语言的基本功能

（一）语言的交际功能

语言是交际工具，在人类社会生活中，语言帮助人们传递信息、交流思想。每一个正常的人都可以体会到他和其他的社会成员接触时，都得使用语言进行交际。只要社会存在，只要人们有交际，就需要语言。斯大林说："语言是手段、工具，人们利用它来互相交际、交流思想，以互相了解。"如果没有语言，人们相互之间的交际就会受到限制，人与人之间就不能建立广泛的联系，整个社会的共同生产和共同生活就不能正常进行。

具体来说，人们运用语言进行交际的过程实际上就是对信息进行处理的过程。这个信息处理过程具体包括信息的编码、发出、传送、接收和解码。

第一，编码。人们传递信息，需要借助一定的语句进行表达，而语句则是由词语组成。也就是说，人们先选择恰当的词语，然后将词语按照语义要求和语法规则进行组织编排，最后组成所要表达的语句。这就是语言的编码过程。在编码时，人们应力求编码清晰、明确，避免失误，防止造成语义表达错误。

第二，发出。编码完成以后，通过发送器把语言形式输出。口语的发送器是发音器官。发送器必须准确地把编成的语言形式输出。

第三，传送。语言形式一旦输出，语义内容随即附着语言形式进行传送。口语的声波负载着语义内容通过空气或信道传送到听话人耳朵里。在传送过程中，信道畅通才能保证信息的正常传送。[①]

第四，接收。语言形式通过信道传送给接收者，接收者通过接收器接收语言形式。在口语交际过程中，听觉器官就是接收器。听觉器官必须准确地辨认语言形式，以避免接收误差。

第五，解码。解码即接收者将接收的语言形式转化为语义内容，以理解传递者传达的信息。如果解码失误，那么信息理解便会出错。

总之，语言是人类特有的交际工具，是人类最重要的交际手段。语言可以不依赖任何其他工具的帮助而独自完成交际任务。若没有语言，人类社会就不可能产生。人类其他的交际工具都是在语言的基础上产生的，不能脱离语言而存在。

（二）语言的思维功能

思维是人脑的特殊机能，是人们认识客观事物时动脑的过程。而思想是思维活动的结果，是人们认识客观事物的结果。语言的思维功能是指语言参与人们的思维，并选择适当的词语和语句记录思想，以便于人们理解思想。

作为交际工具的语言与思维之间有着密切的联系。语言是思想存在的基础，是形成思想和表达思想的工具。在交际过程中，人们利用语言交流思想。而交流思想是语言交际的主要内容。人的思想通过语言记录和固定下来。可见，语言作为交际工具与人的思想、思维有着密切的关系。

在人的智力活动中，动作思维、形象思维和概念思维紧密联系，相互渗透、相互帮助。人的形象思维和动作思维经过概念思维组织起来，有明确的目的性，而且无论在哪种思维过程中，以语言为工具的概念思维都起着主导作用，组织和制约着全部过程。何况一切思想最终都依赖语句进行传递。

---

① 倪立民.语言学概论[M].杭州：浙江大学出版社，1988.

语言除了交际功能和思维功能这两大基本功能外，还具有其他一些基本功能，如施为功能、感情功能、元语言功能等。

第二节　语言学的研究对象、发展与分类

语言学是一门研究语言的学科。发展到现在，语言学研究已经有一套成型的理论和方法。未来，我们会设计更多更有效的研究方法来对语言学研究进行细分和补充。本节就重点分析语言学的研究对象、发展与分类。

一、语言学的研究对象

语言研究是人类最早开展的一项研究活动。当人类文明发展到一定阶段时，生活在不同地域、不同时期，使用不同语言的人们，创造了记录自己语言的符号系统，即文字，这使得语言有了一种新的载体和表现形式。文字的创造，标志着人类迈入了文明史阶段。

语言是交际的符号系统，文字是记录语言的符号系统。要创造记录语言的文字，人们必须深刻认识语言。语言学可谓是一门历史悠久的学问。从文献记载看，中国、印度、希腊等国家早在两三千年前就开始系统研究人类语言特别是书面语。

人类语言实践历史悠久，但语言学作为一门成熟的学科，是在人们有目的地把语言作为专门研究对象之后才得以建立。作为一门学科，语言学是由古代、近代和现当代语言研究构成的整体，因此广义的语言学包括语文学。语言学和语文学关系紧密，互相交叉重叠。语文学阶段涉及的问题迄今并未失去科学意义，仍有进一步探讨的必要；同时，现代语言学无法

完全排除传统语文学，没有任何一位现代语言学家能够完全不利用语文学的研究成果，完全不借鉴或脱离前人的研究方法。此外，具有悠久文化传统的国家或民族，普遍存在着如何有效继承和发扬本国、本族文化传统的问题；少数民族迫切需要保护甚至抢救本族语言文化遗产。因此，词源学研究、古籍整理、文献资料考证、口传文学资料搜集、活的语言和方言材料调查记录等，都需要训练有素的专业人才。从这个意义上讲，凡为了一个有意义、有价值的目的研究语言某一方面或某些方面的问题，都应看作语言学的组成部分。

现代语言学能发展成为独立的学科，既有内部因素，也有外在条件。内部因素主要包括以下几点。第一，对象的转移。现象语言学将语言作为独立的研究对象，不再是因为其他学科的需要而研究语言。第二，范围的扩大。现代语言学的研究领域逐渐扩大，不再单纯局限于古典书面语和古代语言的研究，而扩展到现代书面语和现代语言的研究；不再局限于研究一种语言，而扩展到对多种语言进行研究，并且探讨不同语言之间的共同特点；既研究标准语，也研究方言；既研究自然语言，也研究人工语言、计算机程序语言；注重语言理论和语言应用的双重研究。第三，方法的科学化。现代语言学不再限制于使用规定性的方法，强调以各类语言材料为依据，开发不同的语言研究点，运用不同的研究方法，揭示语言的本质特征和内在联系。从不同的着眼点进行语言研究，运用不同的研究方法，促使不同语言学派形成，在一定程度上促进了语言学的发展。

学科外部条件主要体现在以下两点：一是社会发展的需要，二是语言比较的需要。由于市场经济的发展，群众性文化运动的兴起，这些因素都有力地推动语言研究向独立学科发展。同时，由于社会的发展，人际交往日益频繁，客观上推动了语言比较的发展。这为研究语言现状、追溯语言历史演变、对比语言异同、探索语言共同规律提供了条件。语言研究成果的交流和借鉴，为语言学发展发挥了重要作用。

18世纪末19世纪初，人们开始把语言作为独立的研究对象，系统描写和分析语言的共时结构、历时演变、社会功能等。此时，语言学便发展成为一门专门研究语言的独立学科。

二、现代语言学的发展

（一）现代语言学发展历史

现代语言学发展经历了历史比较语言学、结构主义语言学、转换生成语言学和系统功能语言学四个阶段。

1.历史比较语言学

历史比较语言学出现于18—19世纪的欧洲，当时研究的重点是印欧语系中不同语言的语音系统。英国学者琼斯发现法语和拉丁语、希腊语之间存在着密切的联系，这种联系是常见的，不是偶然因素导致的现象。若要想真正解释这种现象，就必须挖掘其本身所具有的内在含义。丹麦学者拉斯克和德国学者博普、格林等人进一步推测出这些语言共同起源于原始印欧语。但是，历史比较语言学过多关注语言的纵向研究，而忽略横向的系统研究。

2.结构主义语言学

结构主义语言学出现于20世纪，以索绪尔语言学理论为代表。索绪尔提出了一套新的研究理论，为结构主义语言学的发展奠定了基础。结构主义语言学注重研究口语，注重分析语言结构系统，强调要从整体对语言进行深层次的研究。但是，结构主义语言学过分注重语言的形式，而忽略其本身所具有的一些含义，不能用来解释语言中的一些同形异构现象。

3.转换生成语言学

转换生成语言学又称"先天语言能力学说"，是乔姆斯基提出的一种语言理论。乔姆斯基生成语法学理论不再受行为主义言语获得理论的影响，它认识到在婴儿言语获得的过程中，神经系统发挥了重要的作用，同时提出了研究言语过程的心理机制问题。乔姆斯基生成语法学理论特别强调先天性的作用，不重视环境和教育在言语习得过程中的重要作用，忽略语言的社会性。从某种程度上来说，转换生成语言学的出现促进了语言学的研究进程，为现代语言学发展奠定了坚实的理论基础。

4.系统功能语言学

系统功能语言学由英国语言学家韩礼德创立，重点研究语言的性质、过程、共性及应用等问题。系统功能语言学的观点综合起来有以下几点。第一，语言是一种社会现象，能促进人与外界的交流。要从社会的角度对语言进行分析。第二，在语言研究过程中，应先研究语言的功能，再剖析语言的结构。第三，及物性是认知内容的集合，是对语言外经验的语言表达。意义的识解是社会主体间相互作用的过程。语言识解人的经验和语言实施过程、社会交往互为补充。第四，语篇或话语构成语言。

从本质上来讲，系统功能学语言理论研究侧重语法结构，因此在研究过程中必须要借助特定的组合，才能最大限度地体现语言的意义。

（二）现代语言学发展趋势

从语言学的发展历史来看，每个学派都对语言本身及其演变形式进行了研究，但因语言观点和方法论的不同，每个学派的研究侧重点也有不同，从这些研究成果中我们了解了语言学派的发展趋势。

最初，人们应用静态的研究方法研究语言系统，对已有的资料进行研究，从浅层次比较句子、词语等因素的本质，然后深入分析这些因素的特点，重新定义某些关系。这种静态的研究方法在一定程度上使人们更加深入地了解语言系统，但不能完全解释人类语言的本质及含义。

所有具有一定规律性的系统都会与其他系统产生联系。任何一种系统都不能脱离其他系统而独立发展和存在。语言作为一种独特的社会现象，在发展过程中势必会与多种外界因素相联系。因此，我们在研究和分析语言系统时，必须要关注语言与外界社会的关系，打破静态研究局限性，改变原有的单一性研究，转变为综合性研究，最大限度地促进现代语言学的发展。

三、语言学的分类

　　语言学根据研究对象的不同，分为语音学、音系学、形态学、句法学、语义学和语用学。第一，语音学。语音学主要研究语音，包括语音的产生、传递和接收，语音的描写和分类，词语和连贯言语等。第二，音系学。音系学主要研究语音和音节的构成、分布和排列规则。音系学与语音学是有区别的。音系学主要研究组成语言和意义的语音集合体，语音学主要研究人类能够产生的语音。音系学研究侧重有序，语音学研究则侧重无序。第三，形态学。形态学主要研究最小的意义单位（即语素）以及词的形成过程。语素是语言中最小的单位。语素能改变意义或词性，产生新词，能给已存在的词义增添语法信息或做细微的修正等。第四，句法学。句法学是关于形成和理解正确句子的原则的学科。句子的形式和结构受句法学原则支配，这些原则规定词语顺序、句子组织、词语间关系、同类及其他句子成分。第五，语义学。语义学主要研究语言中的语义是如何编码的。语义学不仅涉及作为词汇单位的同语意义，还涉及语言中词之上和词之下成分的意义，如语素意义与句子意义。第六，语用学。语用学主要研究语境中的意义。它主要针对特定语境中的特定话语，注重社会语境对话语理解的影响。

第三节　语言学与其他学科的关系

　　语言学与众多学科关系密切，我们可以从以下三个方面来分析语言学与其他相关学科的关系。

一、从语言的自然属性进行分析

有声语言能被人们感知和理解，离不开发音器官的协调动作和声波的振动传播。发音器官的协调动作，涉及生理结构；呼出的气流振动空气形成声波，涉及物理现象；声波振动听话人的耳膜、刺激负责语言理解的大脑神经中枢，使听话人听到并理解对方说的话，涉及神经构造和大脑机制。由此可知，语言具有生理、物理和心理三种属性，语言学与生理学、物理学、心理学密切相关。此外，语言与思维密不可分，思维是哲学、逻辑学、心理学、人工智能、认知科学等共同关心的问题，语言学与这些学科也存在密切关系。

二、从语言的社会功能进行分析

使用语言的主体和对象都是社会化的人，因此离开了人和社会，语言就无从谈起。语言从深层反映其使用者的文化特点，语言行为也是一种文化行为，因此语言本质上具有社会文化属性。与此相应，语言学与文学、历史学、社会学、人类学、考古学、民族学、宗教学、教育学、美学等联系密切。在现代科学体系中，机器翻译、自动控制、人机对话、通信技术、人工智能等学科的发展向语言学提出了新的要求，使语言学与数学、数理逻辑、控制论、信息论、概率论、符号学、计算机科学、认知科学等建立了密切联系。因此，语言学是最接近自然科学、与自然科学和技术科学紧密相关的社会人文学科。

三、从宏观科学体系进行分析

语言学的历史是它与其他学科相互影响、相互促进的历史。在古代，语言学是哲学、经学和文学的一部分，还未形成独立的科学体系。很长一段时间，传统语文学为注释经典、读经释义服务，语文研究被看作"通经致用"之学。在这种学术背景下，哲学、文学、考据学、文献学、史学、宗教学对早期的语言研究影响比较大。

19世纪中期，受生物进化学说的影响，一些人把语言当作自然现象，把语言学归入自然科学中。20世纪初，受数学和物理学的影响，语言学强调研究语言内部结构，因此被列入精密科学。随后，语言学又受信息论、控制论、自组织理论、认知科学等新兴学科的影响，形成了语言学及应用语言学的新兴分支学科，语言学又被看作领先学科。总之，语言学发展的每一个阶段，无不渗透着其他学科的影响，而语言学正是在这种条件下逐渐成长和完善起来的。

我们还必须要明确，在科学体系中，语言学并不是被动地接受其他学科的影响，它的发展也影响着其他学科。19世纪的历史比较语言学，对原始母语及语言演变进行研究，为历史学、考古学、人类学研究提供了重要参考价值；同时，比较的方法，为社会人文学的一系列比较分支学科提供了新的研究方法。20世纪初的结构主义语言学影响了哲学、人类学、逻辑学、文学、美学、心理学、符号学中的结构主义。正如瑞士心理学家皮亚杰所说的："语言学，无论就其理论结构而言，还是任务之确切性而言，都是在人文科学中最先进而且对其他学科有重大作用的带头学科。"

结构主义和生成语言学的语言分析模式和研究方法，以及当代语言学特别是认知语言学的研究成果，对信息论、控制论、系统论、人工智能、认知科学的建立和发展起到了重要作用。依据语言学原理建立的自然语言理解系统促进了信息管理的自动化。从哲学、心理学、计算机科学、语言学等角度研究人类智能系统性质和工作原理的认知科学，主要探讨人类如何感知和理解外部世界、大脑怎样把感性认识抽象为理性认识，以及人的认知模式和概念体系是怎样构造的、人类是否存在共同的认知体系等问题，深化了"心智"的研究。语言是信息的载体和重要传播手段，人类认知的发展离不开语言的参与，认知语言学已成为认知科学的重要组成部分。①

语言学在科学体系中的重要地位还取决于它的研究方法及方法论特色。任何一个学科和学派的建立，都应有明确的研究对象、系统的理论和方法。语言学分支和学派的形成无不与语言观、理论模式和研究方法的不断更新有关。

语言学研究人类语言与客观世界的关系，这是最基本的哲学问题。如果哲学舍弃了语言及其与客观世界关系的研究，其他问题也很难进行深入研究。事实上，西方哲学已经完成"语言学的转向"。当认识论遇到解释难题时，许多哲学家意识到哲学中的"假命题"是由语言特别是语义理解造成的。要消除哲学的混乱，必须首先研究语言及其意义。这样人们关注的重点转移到了表达思想的语言上。于是，意义便成为哲学研究的基础和核心，并形成了以语言研究为内容、语义分析为中心的语言哲学分析派。语言哲学分析派包括逻辑实证主义、日常语言哲学学派，解释派包括现象学、存在主义、解释学、解构主义学派。②

语言学的新理论和新方法对哲学及其他学科的发展具有理论意义和方法论价值。随着科学技术的发展及人们文化素质的不断提高，语言学在社会发展和日常生活中将发挥越来越重要的作用。

---

① 王远新.语言学教程[M].北京：中央民族大学出版社，2009.

② 王远新.语言学教程 [M].3版.北京：中央民族大学出版社，2017.

第二章　语言学与英语教学研究

众所周知，语言教学的主要目的是让学生充分掌握一门语言，从而利用该语言展开顺利的交际。所以，在学习与教学的过程中，语言教学必然要受到语言学理论的影响。本章就来探讨一下语言学与语言教学的相关内容。

第一节　语言教学的内涵

在特定社会中生长和生活的人，在学会第一语言之后，都在不同程度上需要学习新的（第二）语言。问题的关键是，社会必须提供什么样的条件来帮助人们学习所需要的第二语言？这个问题的答案取决于我们给语言教学的定义。语言教学可定义为旨在促进语言学习的活动。语言教学的不同方面是本书探讨的主要内容。"语言教学"的诠释范围远远超出了"课堂语言教学"的范畴，不仅包括正规的课堂教学或者训练方法，而且包括个性化的语言教学、自学、计算机辅助教学、媒体教学（如收音机、电视机）。另外，各种辅助性活动，如教学材料、教学语法或者词典的编写、教师的培训，以及教育体制内外必要的教学行政管理，统统都被纳入教学这个概念之下。只要将所有非正式的途径有意识地用于语言学习，这些活动就没有脱离教学的范畴。①既然语言教学是"旨在促进语言学习的活动"，那么语言教学的理论中总是暗含着语言学习的概念。虽然学习者和学习的概念可能在某一理论中并没有明确阐述，或者两个概念可能给人误导，太教条、太有局限性、太苛求，或者可能不能正确阐释学习者或者学习过程，但是很难想象语言教学的理论同时也是语言学习的理论。好的语言教学理论可以最好的方式满足学习者的各种条件与需求。语言教学恰恰是因为在这方面的失败，常常遭到批评，从而促使人们更加关注对学习者的理解。我国作为发展中国家，近些年来已经与世界各国都取得了日益密切的联系，因此语言教学在我国占据着重要地位，也逐渐受到越来越多人的关注。

语言教学的内涵主要可以从三个方面来论述，即语言教学的属性、语言教学的原则以及语言教学的主要方法，接下来我们就从这三个角度展开讨论。

一、语言教学的属性

语言教学的属性可以从以下几个方面来进行讨论。

（1）语言教学是一种语言教学。语言属于语言学科，因此自然是一门语言的教学。

（2）语言教学是一种外语教学。在我国，汉语是我们的母语，汉语言虽然不是学校课程设置中的外语学科的主要语种，但是对于其他语种来说，终究属于外语的范畴，因此语言教学属于外语教学。

（3）语言教学是一种文化教学。语言不仅仅是一门语言，而且是以语言为母语和工作语言的群体文化的重要内容和载体，甚至是世界文化的重要载体。

（4）语言教学是一种能力教学。对我国语言学习者而言，语言教学是以

---

① 斯特恩.语言教学的基本概念[M]. 北京：商务印书馆，2018.

语言知识教学为基础的，是培养运用语言能力的活动，其目的是培养运用语言的能力，而语言知识教学只是为培养运用语言能力这一目的提供基础。

二、语言教学的原则

语言教学原则是隐藏在语言教学实践之中的，存在于教学实践背后的假设、课程的规划、日常课堂教学、关于语言教学的价值判断以及语言教师日常必须做出的决策中。语言教师可以通过教学活动表达自己的教学原则与信念，也可以在专业会议的讨论中表达自己的原则立场。

语言教学原则的作用，在语言教师的培训、给语言教师的建议或者指导、课程规划、教材编写、课程的选择或者设备投入的理由说明等这些特定的情景中，尤其突显出来。在这些情况下，我们必须表达自己关于语言教学的观点，并做出选择，旗帜鲜明地支持某种立场，而且经常还要反驳对立的观点来维护自己的立场。总之，原则的作用在辩论和政策的制定中尤其清楚地显示出来。

（一）适用性与显明性原则

这可能是判断一个语言教学优劣的最重要的标准。既然语言教学的理论主要是指导实际活动的理论，那么它就必须有用、有效，或者说适用。其效用首先表现在语言教学计划、决策与实践中。优秀的教学理论既有助于宏观的政策层的决策，也有助于微观的课堂活动层的决策。同教学实践毫无关系的语言教学理论，不能赋予语言教学以意义的语言教学理论，或者"在教学实践中无用"的理论，是站不住脚的，因此注定要受到人们的怀疑。检验语言教学理论的关键是看其对语言学习的影响。

无论一名语言教师多么坚定地否认自己对理论有兴趣，没有语言教学理论，他就不能进行语言教学，即使这理论只是隐含于价值判断、决策与行动中，或者隐含于其操作的组织模式中。然而重要的是，理论的建构是一个从幼稚和缺乏反思的"现实",到对行动背后的假设、原则和概念,更为有意识的理解过程。根据这一标准,缺乏反思、没有意识到行动背后假设的教师所具有的是一种内隐理论,这样的理论是站不住脚的。语言教学方面的著述有助于理论意识的建立。没有显明性,就不可能对一些关键问题展开讨论,思想也就不可能有什么发展。所以,显明性是判断理论优劣的另一个标准。

(二)一致性与统一性原则

语言教学原则应该是对其涵盖的所有现象条理化的陈述。所有的部分都应该有机地联系起来,且有理有据。恰恰是数据或者思想观点的秩序化以及它们之间的逻辑关系,可能将理论的优劣区分开来。假如,如里德所言,理论仅仅是一个"杂物袋"的话,那这就是一个难以立得住的理论,没有做出任何努力对各个组成部分进行秩序化、系统化处理,一致性也就无法保证了。语言学习活动发生于教育的不同阶段与不同的学科中,语言教学的理论应该有助于对这些千差万别的语言学习活动的理解。由于传统或者偶然因素的影响,语言教学中缺乏一致性,这是司空见惯的。例如,语言教师甲可能恪守某一思想流派,而语言教师乙则遵循另一思想流派。这并非是因为语言不同而需要用不同的理论,而往往纯粹是偶然差异的结果,如教师的背景、训练或者以前的经验的不同,或者甲、乙语言教学中已接受的习惯做法的差异等。例如,对文学片段的精细研读(即所谓的"原著文本诠释""原著文本分析"或者"讲解课"),作为语言学习和文学分析的一种方法,是法国中小学校与大学法语母语教学的传统教学方法,但也常常被法语二语教师用于其教学中。假如这种技巧在法语作为第二语言的教学中亦有价值的话,理应推广到其他语言的教学中。如果这种技巧对其他语言学习的价值不确切的话,它对语言教学的价值也大打折扣了。

大学的语言专业、中小学的语言课程和电视成人语言课程的目的不同,对象也不同,因此之间的差异是预料之中的。但是,根据理论所阐明的原则,这种差异应该是可以得到解释的。即使同一语言课程,教学层次不同,如初学者、中级学习者、高级学习者,教学方式常常也不同。这一切更多情况下是由于传统而非系统的课程开发造成的。好的理论有助于认识到这些不一致之处，将有用的与偶然的区分开来，或者尽量消除这种不一致性。

然而，语言教学原则的统一性，未必意味着某一种语言教学方法理论、语言学理论或者心理学理论的排他应用。例如，许多语言教师都认为自己是折中派。也就是说，他们既不拘泥于某一种教学方式，也不将自己的哲学完全建立在某一种语言学理论或者心理学理论上。但是，有意识地在不同思想流派中做出选择的折中，根据一致性标准的要求，语言教学理论应该有一种原则，根据这一原则，有时是这一种有时是另一种心理学、教学法或者语言学的理论适用于语言教学实践，否则就仅仅是一个杂物袋了。

（三）解释与可验证性原则

这一原则与其说适用于语言教学理论，倒不如说更适用于其背后的某些科学理论。通常情况下，科学理论的价值在于其解释力、预测力，以及给实证研究指出的方向。由于这种理论通常情况下产生于现有的知识与信息，或者产生于所观察到的非正常现象、困难或者问题，因此好的理论应该能有助于发现立论的知识领域和仍然等待探索或者验证的未知领域。简言之，好的理论能够促进研究。理论与研究互为倚傍，相辅相成。研究只有与现有的知识或者问题与假设相联系才有意义，因为它们是思想与研究有序系统的一个组成部分。

理论的阐述需要实证研究的验证，其必要性充分地体现在关于语言教学的相关讨论中。比较有代表性的是双语理论，将"并列（co-ordinate）"双语与"复合（compound）"双语区分开来，主张第二语言的学习需要在不参考母语的前提下，建立起完全不同的或者"并列"的语言系统，这样才能创造双语的条件，促使学习者以儿童早期习得本族语的方式来学习两种语言，进而主张应在听说技能之后，引入读写技能，其理由是这一程序反映了母语习得的状况。要将第二语言的学习建立在刺激—反应—强化理论之上，根据这一理论，有意识的指导和对语言规则的理解被减少到最小程度。这些讨论总体来说仍停留在信念水平上，几乎没有研究对其语言教学原则的效度进行过验证，因而能够发现，这些原则都是由"没有事实依据的假设"构成的，因此是很值得质疑的。换言之，语言教学理论绝对不能仅仅是从主张到反主张，且停留在纸面上，理论的探讨应最终导向对证据的探寻，在寻求更好的教学方法的过程中，应该对方法进行分析、研究、实验和评估。总之，假若一种语言教学理论自称是建立在某种科学理论基础之上的话，它就应该有实证证据或者研究的支持。

近十年来，人们日益清楚地认识到，语言教学必须有经过研究验证的理论与假设的支持。主观臆断当然有其位置，但是仅靠主观臆断是远远不够的。思想必须最终接受检验。正如由于没有对语言学习者的学习障碍做出有说服力的解释，从而激发了大量关于语言学习的理论探讨，进而产生了一些富有成效的研究。

（四）简明性原则

有一种常见的错误观念，认为语言教学理论必定是复杂、晦涩的陈述。事实上，好的语言教学理论应追求简单、经济或者节俭，而且其语言表述直截、明了。当然，简单绝不能失于空泛与过分简单化。许多语言教学理论都倾向于把语言与语言学习过程的处理简单化。例如，第二语言学习的刺激—反应理论肯定可以被看成是非常经济的，因为它对于第一语言与第二语言学习，甚至所有学习行为都采用完全相同的理论模型。这种简洁性不管多么诱人，这种理论如果不能解释语言习得与语言使用的很多重要方面的话，就会受到批评。

好的理论使我们能够从更好的视角来看语言教学，认清语言教学与其他各种活动的关系。语言教学理论的大背景是教育、社会政策、国内与国际政治以及相关学科的学术研究（语言学、心理学、社会学和人文各个学科）。因此，理论的发展应该使语言教学更加有意义，而且更能够满足人们对知识的追求。通过理论的建构，语言教学工作者不再被卷入学术的论战中不知所措，或者不再被学术的外表装饰误导，而是应该获得更大的职业自信心，建立起同相关领域的从业者一样的认同感。

好的语言教学理论还应该对公众、政治家和行政管理者，以及对语言学习者都有价值。目前，由于无知和错误的信息，学校的语言政策经常受到政治攻击。关于语言教学中究竟应该包含哪些内容，家长、政治家和学习者的意见经常同教师的观点大相径庭。语言学习过程的本质常常被人误解。一些商业性语言学校的广告吹嘘，只要经过很短的学习时间，就能掌握某种语言，而且达到很高的流利水平，这纯粹是一种误导。同样，随意使用"双语"这个术语来描述语言教学的目标，如果不明白这个术语的现代定义，即双语未必意味着对两种语言"完全"与"等同"的掌握的话，也是会引起人们的误解的。传播完善的理论与拒绝未被验证、不恰当的观点，都会对教育和社会的语言政策产生有利的影响。从学习者的观点来看，完善的理论建构也有其优势，可以帮助学习者更好地理解语言学习中所涉及的任务。

（五）综合性原则

语言教学具有综合性，涵盖了语言教学与学习的各种情形，不仅仅是发达与发展中国家中小学、大学与其他机构里的外语学习，如英国和美国中小学与大学里法语的教学与学习，或者法国与阿根廷的英语教学与学习；而且包括语言少数族裔的第二语言学习，如流动工人或者移民，或者全世界多语言情境中的语言学习，如赞比亚与尼日利亚的英语学习，或者印度的印地语与英语学习。语言学习者未必是特定意义上的大中小学在校"学生"，也可能是在努力学习新移入国家语言的移民、在国外访问的旅行者、想要阅读另一国家科学文献的科学家、本族语非其教学语言的学龄儿童，或者任何年龄段在"实地""获取"语言的学习者。

这一原则未必是语言教学的优点，因为有些理论所关注的焦点是某些特殊的方面。这是合理的。但是，由于我们所探讨的主要是广义的语言教学理论，因此这个理论应该提供一个综合架构，其他具体的理论在其中都可以有其位置。综合性这一原则也不应绝对，因为某种理论对这一领域界限的界定，乃是根据实际情况决定的事情。我们提出这条标准，仅仅是为了表明所限定的领域应该有其理据，这样一来，某一理论所声称涵盖的所有相关现象都在理论中有所反映。

（六）交互原则

语言教学模型中各种组成成分之间的关系，同其他模型一样，用双向箭头表示。但是，并非所有的相关特征与关系都在图中表示了出来。但是，其原则是显而易见的：这种设计表达出整个理论中对思想的一致性与统一性的要求，以及对模型的组成成分之间相互联系的清醒意识。这一原则乃是针对语言教学思想与实践中普遍存在的条块分割与不一致性提出来的。

这一原则也可以被诠释为在整个方案中承担不同角色的个体之间的互补合作。这些不同的角色是由不同的层次来表示的。在第一个层次上是相关学科领域的专家，如语言学家、心理学家、历史学家等；第二个层次是语言教学理论家、研究工作者或者应用语言学家，即所谓的中介者；第三个层次是语言教学工作者、教师、测试专家、管理者和课程设计者。这种层次划分表示发挥作用的不同，但未必是人员的区分。语言教师也可能是第二层次上语言教育学研究者或者理论家，或者是某个基础学科领域的专家，如第一层次上的语言学、心理学，或者人文学科之一。反过来讲，某一学科的学者也可以是应用语言学家和语言教师。

交互原则还表明，理论发展的原动力并不仅仅从基础学科自下而上流动，而且可能从所标明的任何位置开始。因此，教师并非理论发展的被动接收者。语言教学与学习的实践、教师或者学习者的直觉与经历，能够为语言教学理论与基础学科的发展贡献思想、信息、问题与疑问。换言之，从实际应用工作中获取思想，进行理论建构，乃是卓有成效的一种方式。

（七）教研合一原则

用教研合一原则来处理语言教学问题，这已经不像几十年前一样，是一个陌生的理念。然而，甚至时至今日，仍有许多语言教师不仅对语言教学理论，而且对语言教学研究都持怀疑态度。外国语言的文学研究和哲学研究对多数人来说，都是可以接受的，但是语言教学则常常被看成是实际情况下凭直觉、敏感性、创意能解决的问题，而非恰当的研究课题。

如果研究结果似乎得不出肯定的结论，或者远离课堂教学现实，语言教学实际工作者就会将它看成是"科学游戏"而置之不顾。与上述否定的观点恰好相反，偶尔可以发现某些语言教育工作者，对研究的价值和重要性过分信任。他们对研究的内在价值或者其与特定情景的相关性，不进行批判性的审视，将打着"研究"标签的任何东西都看成是绝对真理。他们要求研究人员对极其复杂的问题做出快速、完整、不容置疑的回答，足见其对研究毫无原则的信任。研究发现的尝试性、渐进性和累积性则常常被忽视。接受这种研究性的语言教学方式，将它看成是有效的语言教学的一个基本组成部分和语言教学理论的必要补充。

教研合一原则，可以追溯到19世纪末，跟语言科学的发展与教育中的科学运动紧密地联系在一起。但是，直到大约1950年，语言教学才成为持久的主动研究的课题。

长期以来，研究一直是语言教学的一个组成部分，这就使我们能够对研究的性质与研究对语言教育学的贡献做一概括性的说明。奇怪的是，关于语言教学本身，很少有人做过论述，因为对于很多语言教学工作者而言，研究仍然是语言教学边缘的一个方面。所以，语言教学研究缺乏方向性。很少有人讨论研究的重点，也没有建立起明确的研究方法。

语言教学必须与研究相结合，理由如下。

（1）语言教学与任何方面的教育相同，需要人力与财力资源的大量投入。它需要大批人手全职投入，而且对很多人来说是毕生的事业。它占用学生大量的学习时间，且教学场所、技术设备、教师培训以及教学材料的编印（如语法、教材、词典、教具等）等都需要大量的投入。因此，这方面的规划、决策、实践和创新，不应该仅仅依靠传统、个人观点或者反复试验，而是应该借鉴理性的探索、系统的研究，如果可能的话还要借助控制实验。

（2）呼吁要对语言教学进行研究，意味着公开承认我们还缺乏语言教学某些方面的知识，但这并不说明我们对语言教学一无所知。相反，语言教学已经积累了一定的知识储备。语言教学研究的一个重要任务是，发现并用语言文字描述已经存在的知识，这样一来，大量的已有信息就可以为人所用了。同时，研究有助于消除错误的信息，指出尚需要进一步了解的领域。通过研究，人们才能够明确需要进行什么样的研究来填补空白。

（3）教研合一原则的另一个含义是，我们不能期望语言教学会由于某种发明或者其他突破，突然或者奇迹般地得到改进。我们也不能假定，在世界上某个地方，有一位伟大的教师、专家或者导师，能够有求必应，回答我们所有的问题。相反，我们认为，语言教学的改进，可能是许许多多的人有计划通力合作的结果，在这个过程中，事实的探寻、假设的检验、教学实验以及大量苦心孤诣的研究结果的积累，从长远来看，要比激烈的辩论或者全盘接受没有经过检验的大而化之的解决方案更富有成效。

（4）教师个人的直觉与高超的教学艺术，一向是语言教育学发展的重要源泉，而且二者将继续发挥重要作用。研究并非经验与创造发明的替代。但是，教师个人的实际经验，应该能够经得起批判性研究与他人经验的双重检验。

（5）需要对语言教学进行研究，这还意味着对目前日常教学工作的不断检查，应该成为"质量控制"的一种形式。同其他教育活动一样，语言教学也有一种制度化的倾向。一个多世纪以来，教学传统已经形成，教学方法、内容、年龄层次和教学的顺序都相对固化了。所谓的"新"方法、"新"教程和"完全不同的"方式，结果却仅仅是稍有变异的传统的东西而已。语言教学传统的这种顽固不化性，是语言或者语言学习的本质使然呢，还是缺乏批判态度的结果？我们应该做好准备，对已形成的习惯做法加以审视。研究乃是教育过程中促使人们对一切活动进行质疑的成分。

（6）研究与理论相得益彰、相辅相成。研究不仅将怀疑的态度注入理论构想中，而且提供了效度检验与验证的技术，反过来又刺激新的理论思考。

（7）同其他教育活动相比，语言教学或许更容易因受到流行时尚和公众舆论的左右而摇摆不定，而且常常因某些观点而形成不同的阵营。时常，新方法的发明者或者新理念的推广者，声称自己已经找到了解决语言教学问题的关键途径，此类声言不绝于耳，挥之不去。但是，若不经过最好的实证研究方法的验证，而只是无谓地争论，这只是一而再、再而三地徒然浪费精力而已。

（8）研究有助于形成更加客观的对语言教学实践的看法，进而有助于语言教育学地位的提升，使之成为"经过缜密思考、有理性支持、完全职业化的活动"。

三、语言教学的方法

（一）视听法

视听法是通过视觉呈现的一个场景，是将学习者置于有意义的话语和语境中的主要手段。

1.视听法的历史发展

这一方法在课程《法国声音与形象》（CREDIF，1961）的引言中有描述，而且正是在这一课程中，这种方法第一次应用于教学实践。其最新发展反映在雷纳与海纳尔（Renard and Heinle，1969）、法语传播研究及学习中心（CREDIF，1971）和《法国声音与形象》（*Voix et Visages de la France*）（Heinle et al.，1974）中。

这一方法在20世纪50年代发源于法语传播研究及学习中心（CREDIF），是由居伯里纳（Guberina）和里旺（Rivenc）领导的团队集体研究和设计出来的。这一方法背后的原则在由法语传播研究及学习中心团队开发、出版的几种课程中得到应用，如以成年初学者为对象的法语教程《法国声音与形象》、针对儿童的类似教程《早安，莉娜！》以及修订版《法国声音与形象》。上述部分教程改编后在美国（Renardand Heinle，1969）和英国（Gross and Mason，1965）制作出版；根据相同的原则，加拿大以《加拿大对话》（*Dialogue Canada*）（Commissionde la Function Publique，公共功能委员会，1974—1977）为标题制作出版了一个新教程，供加拿大政府语言学校使用。法语传播研究及学习中心的教学方法和教程，通过教师培训课程在世界各地得到广泛推广，后者最初是严格的视听法原则及其应用的培训课程。近年来，法语传播研究及学习中心团队提倡一种更为灵活的教学技巧观和教学程序观。

2.视听法的教学目标

可视化语言学习分为以下几个阶段：视听法尤其适应于第一阶段的学

习，在这一阶段，学习者首先要熟悉基础法语中所规定的日常语言；第二个阶段主要培养就一般性话题连续交谈的能力，以及阅读一般小说和报纸的能力；第三个阶段是专业或者其他类型专门性话语的应用。视听法尤其适用于初始阶段的语言学习。

3.视听法的教学技巧

从法语传播研究及学习中心教学方法发展起来的视听教学，由一系列精心设计但次序刻板的事件组成。开始上课，先是幻灯放映和录音播放。录音是程式化的对话和叙述性评论，幻灯的画面跟话语相匹配。换言之，视觉形象与言语相辅相成，共同构成一个语义单位。义群的意义在教学程序的第二个阶段，由教师采用指认、演示、选择性回听、问答等形式加以解释（"阐释"）。第三个阶段，重复对话数遍，通过多次回放录音和幻灯，或者通过语言实验室练习来熟练记忆。教学程序的下一阶段是发展阶段（development phase）（亦称"运用"或者"转换"），学生逐渐从录音—幻灯播放中解放出来。例如，至此，幻灯的播放已经没有伴随的录音，要求学生回忆录音上的叙事评论，或者创造自己的评论配音；或者对场景的内容加以改编，并采用问答或者角色扮演手段，应用于学生本人或者其家庭、朋友。除了对场景全面的处理之外，每一课还包括语法操练时段，用于对录音和幻灯呈现的对话中出现的某个句型或者几个句型进行练习，使语法和语音都得到练习，而语言解释在授课过程中无足轻重。同听说法一样，阅读和写作教学被延迟，但是在适当的时候会得到应有的重视。

（二）认知法

有人认为，这种理论或者方法是"当代修正的语法翻译理论"（Carroll，1966），也有人认为是当代修正的直接法（Hester，1970；Diller，1971，1975，1978）。其最新的形式，用迪勒（Diller，1971，1978）或者查斯顿（Chastain，1976）的话来说，是将重点放在语言作为有意义的系统的有意识学习上，其理论基础是认知心理学和转换生成语法。

1.认知法的历史发展

任何一个理论家都不是认知理论的唯一主要支持者。卡罗尔（Carroll，1966）是对语言教学认知理论的特点进行描述的第一人。查斯顿（Chastain，1969，1976）也对认知理论和教学进行过很有价值的阐释。迪勒（Diller，1971，1975，1978）曾对认知法和听说法做过对比。作为一种成熟的语言教学理论，认知法尚未得到批判性审视。20世纪80年代初，其贡献被对语言教学交际方式越来越强烈的兴趣掩盖。

作为听说法的一种替代选择，认知理论产生于20世纪60年代中期，是对听说法所遭遇的批评的一种反应。语法翻译法或者直接法的重新发现，绝非仅仅是时间的倒转，乃是试图将心理学、心理语言学和现代语言学新的发展的真知灼见注入语言教学所做出的努力。20世纪70年代初期以来，有数种语言课程公之于世，它们均声称其基础是认知理论。但是，这种方法所产生的练习技巧几乎没有增添什么新的东西。认知理论的主要影响似乎是放松了听说法对教学材料和练习的束缚，消除了人们强加给语法翻译法和直接法的恶名。

2.认知法的教学目标

从广义上讲，认知教学的目标跟听说法理论家提出的目标是一致的，但是二者在近期目标上显然有一定的差异。认知理论并不那么推崇听说技能的至高无上。相反，它强调对语言作为一个统一有意义的系统的各个方面的掌握，即一种有意识获得的可用于真实情景中的"语言能力"。卡罗尔对其教学目标做出如下定义："这种理论认为学习者理解外语结构的重要性大于使用结构的能力，因为假如学生对语言的结构有恰当的认知掌握的话，随着语言在有意义情景中的使用，语言能力会自动发展起来。"

3.认知法的教学技巧

卡罗尔认为，认知法的教学技巧具有以下特点：学习一门语言是有意识地掌握第二语言的语音、语法和词汇模式的过程，总体来说，采用的手段是对各种模式作为一套知识来进行分析和学习。换言之，认知理论并不拒斥、掩盖或者不重视有意识的语法或者语言规则的教学，也不排斥将阅读和写作同听说一起来进行教学。认知理论不期望通过强化操练来形成习惯，自动掌握某种语言，而是希望学习者努力去理解语言系统，而且对有意义材料的练习比自动化掌握的欲望有更大的价值。用于描述行为主义学习观的术语，如条件作用、塑造、强化、习惯形成和过度学习等，已经由对规则学习、有意义的练习和创造性的强调所替代。

4.认知法的理论依据

同听说法相似，认知理论在语言学和心理学那里寻找到了其合理的依据。它抛弃了行为主义和结构主义语言学，从转换生成语法和认知心理学那里寻找到了第二语言教学的基础。认知理论是20世纪60年代乔姆斯基引发的语言学理论和心理学理论转向的反映。

认知理论主要是借助语言学和心理语言学的新理论来对听说法进行批评，它指出后者理论中存在的理论和应用方面的缺点，将人们的注意力吸引到了听说理论所抛弃或者轻视的语言与语言学习的一些重要方面，如创造性和意义。它还重新发现了语法翻译法和直接法中一些有价值的特征。在语言学习的内隐—明示问题上，认知理论公开承认明示教学的重要性。然而，由于忽视了听说法的一些优点，认知理论激化了不同教条之间的论战，却没有提供令人信服的证据，未证明除了在某些方面保持平衡外还做了什么努力。

关于语言教学方法的争论并不局限于本节所分析的两种方法，新的方法也并没有由于20世纪70年代初认知主义的发展而停止出现。

每一种方法都有其新的真知灼见，因此语法翻译理论和认知理论都认为，语言是一个有序的规则系统，学习者至少在一定程度上能够通过一定的学习方法有意识地获得。

语法翻译法和听说法二者都以不同的方式，从第一语言对语言学习重要性角度对迁移、干扰现象进行了处理。听说法通过对比语言分析，曾大胆（虽然不是非常成功）地尝试系统地将重点放在第一、第二语言之间的差异上，以此为手段来克服语言干扰。直接法和听说法都已认识到了对学习者而言沉浸于第二语言的重要性，前者以摒弃翻译为手段，后者则以坚持强化练习和习惯化为方式。阅读法和听说法提供了将不同的语言技能分离出来的经验，前者是读，后者是说，从而跟其他方法所推行的整体方式形成鲜明的对照。所有的方法都重视系统练习的必要性。但是，语法翻译法和认知理论将语言作为一种认知学习问题来教授，而听说法和视听法则倡导一种相对不需要多做思考的操练和训练方式（明示—内隐选择）。对学习者至关重要的第二语言的意义问题，语法翻译法通过简单的翻译手段就克服了。在这些较新的方法中，直接法的倡导者已经意识到了意义问题，建议采用几种技巧加以解决，如示范、教具、用第二语言进行解释或者提供语境，但是只有视听法一直在关注意义，坚持提供系统的视觉支持。

以上所考察的所有方法都具有分析特征。也就是说，这些方法都没有作为一种有意识的教学策略来探索应用非分析的参与或者体验式学习方式的可能性。这些方法都强调"语码"的学习，而非通过参与交际活动的手段来学习语言，以此来解决语码—交际的两难问题。近几年来，这种意义上的交际策略产生了，但是几乎没有达到所谓教学"方法"的固化程度。然而，交际理论对目前流行的关于语言教学策略的思想和实践产生了非常深刻的影响，假如不能在教学所有层面上为非分析性的交际成分留有余地的话，这样的语言教学现如今已经几乎无法想象了。本节所简要介绍的各种教学方法有两个共同的主要弱点。其一是它们是相对固化的语言教学信念的组合，其二是过分强调某个单一方面，以此为语言的教与学的核心问题。这一特征具有历史意义，而且有其新颖的灼见，但是最终以此为基础建立起来的语言教学理论是不够完备的。进一步讲，关于学习者与学习方式，所有的方法都有自己往往是非常缜密、详尽的假设。从原理上讲，这些假设虽合情合理，但是没有经过语言学习现实批评性的系统检验。

因此，教学方法就是语言教学的理论，这些理论部分来自实际经验、直觉和创造性，部分来自社会、政治与教育的需要，还有部分来自理论思考。但是，这些理论都没有作为语言的教与学的理论系统地陈述出来，而且除了最近为数不多的几个例外，也没有得到实证证据的验证。正是由于方法这个概念的根本弱点，人们越来越普遍地坚信，语言教学不能单纯用教学方法来满意地进行理论化。

第二节　语言学与语言习得

语言表征我们所认识的这个世界，并植根于我们的知觉经验之中。语言被用于人与人之间、心智体验（embodied mind）之间信息的组织、加工与传递。学习语言就像我们学习世界的其他事物一样，包含着从运用中确立结构，涉及认知的方方面面：记忆话语和情节，对经验进行分类，确定刺激之间的模式，从样例中概括生成图式和原型，在思维过程中运用认知模型、隐喻、类比以及意象。语言的运用使得听者的注意力聚焦于这个世界，能够将知觉这个舞台中的不同元素作为前景凸显出来，从而将关于同一场景的许多不同故事与视角潜在地联系起来。被注意到的事物才会被学习，因此注意制约着语言自身的习得。话语中语言的功能决定着语言运用和语言学习。语言中认知、意识、经验、具象、智力、自我、人际交互、社会、文化以及历史皆以丰富、复杂而动态的方式不可分割地交织在一起。

一、语言习得研究

（一）第一语言习得

语言学家提出了很多假说来解释第一语言习得，其中比较著名的是行为主义论、先天主义论以及关键期假说。

1.行为主义论（Behaviourist View）

行为主义论认为语言的习得像人的其他行为一样是通过刺激—反应过程进行模仿，形成习惯。具体而言，就是学习者不断模仿、操练正确的语言形式直至形成习惯。我们常用的句型练习就是受到这种模式的影响而提出的。

2.先天主义论（Innatist View）

以乔姆斯基为代表的一些语言学家认为人生来大脑里就有一套机制，叫语言习得机制（Language Acquisition Device），只需进行适量的语言输入，就可以激活该机制，掌握某种语言的"深层结构"（deep structure）。

3.关键期假说（Critical Period Hypothesis）

很多语言学家认为年龄对语言习得是一个重要因素，儿童长大后就开始丧失习得语言的能力。有些语言学家认为语言习得的关键期到青春期就结束了，如果儿童在青春期之前没有学习语言，那么就再也不能正常使用语言，这就是关键期假说。该假说在二语习得中也有，一般也是认为过了青春期后二语习得会变得困难，基本达不到母语者水平。

（二）第二语言习得

第二语言习得（Second Language Acquisition）研究在习得母语之后继续学习另一门语言的过程，常简称为"二语习得"。二语习得的研究无论在理论上还是在实践上都受到第一语言习得研究的很大影响。

1.中介语（Inter Language）

二语学习者在学习过程中会发展出一个独立于母语和第二语言的语言体系，自己有一套前后一致的规则，这种学习者语言就叫中介语，是处于母语和目标语之间的中间状态。

2.对比分析（Contrastive Analysis）

对比分析是20世纪中期流行的二语习得研究方法，认为二语习得过程中，母语会起到正迁移或负迁移的作用，而二语习得的主要障碍就是母语与第二语言的差异，差异越大越容易产生错误，而相似之处会产生正迁移。有些语言学家认为通过科学对比分析，找出两种语言的主要差异，就可以帮助学习者克服差异。

3.错误分析（Error Analysis）

20世纪70年代，二语习得研究又出现了一种新的研究方法——错误分析。该学说认为二语习得中的大部分错误无法通过对比分析来预测，许多错误是学习者对目标语的规律做错误推导而致，因此错误分析主要对比学习者的中介语与目标语的差异，找出避免错误的方法。

错误分析区分了错误和失误（mistake）。错误因学习者语言能力不足而造成，出现规律，学习者无法进行自我纠正。而失误是学习者有能力避免但因为粗心等原因造成，学习者能自我纠正失误。

错误的类型主要有：

（1）添加（additions）：句中出现不必要的成分，如"Does he can dance？"

（2）省略（omissions）：句中缺少必不可少的成分，如"I happy."

（3）顺序错误（misorderings）：句中成分位置错误，如"I to the cinema came."

4.输入假说（Input Hypothesis）

20世纪70年代，克拉申（Stephen Krashen）提出了一种二语习得理论，即"输入假说"。他首先区分了"习得"（acquisition）和"学习"（learning），"习得"是学习语言的潜意识过程，就像儿童不知不觉学会母语的过程；"学习"是有意识的过程，注意语言形式和规律。克拉申认为流利使用第二语言的能力来自"习得"，而不是"学习"。因此，二语学习者应该通过大量习得活动来习得二语，而不是记忆语言的形式规则。语言输入材料应该略高于学习者能够理解的水平，而且情感因素在习得过程中也有作用，学习者在自信轻松的情况下才会取得最好的效果。

（三）第一、第二语言习得与学习的差异

（1）第一语言习得从幼儿时期即已开始，儿童、少年时代是第一语言习得最重要的阶段。第二语言习得与学习可在任何时期开始，在第一语言环境中学习第二语言的人（如中国人、日本人学习英语等）大部分从青少年时代

或更晚些时候才开始。因而，在这两种语言习得的起始阶段，人的生理和心理状况、智力水平和阅历都不一样。同样地，二者习得与学习的效果也大不相同：除了极少数残疾人外，凡人类一般都能学会第一语言；可是在学习第二语言时，有些人能达到近似第一语言的水平，另一些人则学习效果始终不理想。由此可见，学习第二语言的动机、策略和方法的差异可能会导致截然不同的结果。

（2）第一语言习得是在自然的语言环境中进行的，习得的过程始终离不开交际的目的。在与同龄人或长者的交流中，习得者觉得很自然，不时受到鼓励。但是，一般说来，第二语言学习是在课堂里教师的指导下进行的。在这样的环境中自然语言很少，学习者又经常被指出各种错误，心理压力比较大。

（3）第一语言习得与学习的途径是多种多样的。就交际对象而言，在家有父母兄弟姐妹，在学校有老师同学，不同的社交场合中会遇到社会上各类人群。此外，电视、电影、报刊等媒体还随时随地提供生动的语言环境。然而，学习第二语言的途径较少，除了课堂外，大部分时间是自学。在看电视或听录音时，那些语速快、词汇量大、成语多的语言素材常使第二语言学习者却步。由于第二语言习得与学习具有上述特点，不少研究者认为，第二语言习得与学习的本质、过程及结果都比第一语言习得更为复杂。

二、二语习得的分析

语言学习能力这一概念源自日常经验，有些语言学习者似乎具有其他人没有的"语言天赋"，这对语言教学的计划显然有启示。语言应该教授给所有的人，还是只教授给有足够语言学习能力的人？具有不同学习能力的学生是否应该被"分流"？语言学习能力能够训练出来吗？教学是否能适应不同的学习能力？

作为很多涉及语言学习能力的学习活动之一，第二语言学习与母语学习活动、"特殊语言"、语码（编码）以及数学与其他学科领域符号系统的习得之间有很多共通之处。因此，那些在一般性正规学校教育尤其是在语言材料的学习中起作用的心理素质，可能也对第二语言学习有影响。人们预期，第一语言的语言智力、语言推理、词汇知识或语言流利度测验的测量结果，与第二语言成就的测量结果呈正相关。这一点已经为一系列研究所验证。因此，本族语的智力测验和成就测试成绩可以预测第二语言学习能力。但是，它们之间的对应与匹配并不完美。智力测验在某些方面对第二语言学习能力的预测能力较差，因为智力测验中包含一些同第二语言学习不相干的因素，同时也缺乏第二语言中必不可少的因素。

教育心理学在对音乐能力、操作能力、教学能力进行研究的过程中，所采纳的是常识中超越学术能力或者推理能力（智商，IQ）的特殊才能或者天分的概念。从一方面来看，外语或第二语言学习能力这一概念不过是平常人所谓语言天赋的提炼而已。而从另一方面来看，这是对特殊能力这个心理概念的应用。这种能力已经借助自20世纪20年代以来就在教育心理学和工业心理学中广泛应用的测量技术得到描述和评估。尽管近几十年来取得了很大的进展，但是语言学习能力的分离仍然是个难题，迄今没有得到解决。

第二语言学习能力的定义和测量取决于潜在的语言教学理论以及对学习者的特征与语言学习过程的阐释。因此，早在1930年开发出来语言学习能力测试，西莫兹外语预测测试，突出强调处理语法概念的能力和翻译能力，它是当时语言教学理论的反映。最近的一些语言学习能力测试，如卡罗尔和萨彭的现代语言学习能力测试（Modem Language Aptitude Test，MLAT）及其小学现代语言学习能力测试（Elementary Modem Language Test，EMLAT）（Carroll and Sapon，1967）以及平斯柳（Pimsleur，1966）的平斯柳语言学习能力测试（Language Aptitude Battery，PLAB），不仅代表着一种测试构建的先进方式，而且反映了20世纪50年代和60年代听说教学理论的原则。上述各种语言能力测试主要测量语音听辨、语音—符号联系能力、句子结构敏感性、归纳语言学习能力等所有这一切都是听说教学理论的特点。

同智力测验等心理测验手段一样，语言学习能力测试已经作为"预测"和"诊断"的实际工具开发了出来，其意图是在进行语言培训之前对学习者进行分班（组）。测试的价值在于能尽可能精准地做出预测。测试结果可被谨慎地应用于对学生进行分类，编入同质的班（组），其背后的假设是这些班（组）是按照测试的内在原则来教授的。测试结果还可用于从一般学生当中挑选出较有前途的学生。测试结果的第三项用途是对学习者学习困难做出诊断，找出其优势与弱点。此类测试的确是以上述各种方式（包括在语言教学研究中）在教学中得到运用的。

除了其判断价值，这种测试也有助于人们对作为一种学习者变量的语言学习能力本质的理珍理解。这恰恰是引起我们兴趣的一个方面。测试的开发者并未声言语言学习能力是天生的，然而，不管通过何种方式获得，语言学习能力大都被当作一组相对稳定而且应该被认为是司空见惯的学习者特点，亦即被看作是应予以考虑的学习者因素。有效的语言学习能力特点是否可以通过特殊的训练，甚至单纯通过语言接触来获得，至今尚无定论，一旦是这些在某种程度上可能得到完善。

目前流行的语言学习能力观的另一个方面是，语言学习能力并不是一个人要么有要么没有的东西（我擅长语言，我不擅长语言）。语言能力测试所反映出来的观点是，语言学习能力并非一个单一的存在。这种观点与认为语言水平是综合体、语言学习并非"铁板一块"的理论是一脉相承的。语言学习能力是由学习者在不同程度上所具备的几种因素组成的。备受争议的问题有：（1）第二语言学习能力测试的主要组成部分能否将这一综合体的组成部分识别出来，（2）组成部分是否可以穷尽。

两个主要的第二语言学习能力测试，即现代语言学习能力测试/小学现代语言学习能力测试（MLAT/EMLAT）和平斯柳语言学习能力测试（PLAB）的各种组成部分，以列表的形式做出了总结（图3-1）。

两项测试虽然有一些共同的特征，但在其他方面是有区别的。现代语言学习能力测试/小学现代语言学习能力测试仅仅限定于编制者卡罗尔和萨彭所认为的第二语言学习能力中的几个重要的特点。由平斯柳编制的语言学习能力测试试图提供一组便捷的测试指标，这些指标即便不是语言学习能力的成分，严格说来也并非"纯粹"第二语言学习能力指标的组合，但是可以有效地应用于语言学习的诊断。因此，平斯柳语言学习能力测试中包含：（1）对第二语言兴趣的评估，此乃动机的组成要素；（2）对第一语言词汇的评估；（3）对一般学校成绩的评估。如果我们接受情感状态能够为认知技能的操作提供必要的动力这种观点的话，那么在语言学习能力的测试中，对兴趣或情感因素进行测评也就合乎情理了。第一语言词汇知识和一般学术能力，虽然并非专门针对语言学习，但是对课堂第二语言学习却很有帮助。

MLAT/EMLAT		能力测试	PLAB	
测试任务描述	测试名称		测试名称	测试任务描述
学习人造语言中的数字词	数字学习		语音辨别	学习语音区别并在不同语境下加以识别
听音与学习语音符号	音标		语音—符号联系	把语音与书面符号联系起来
辨认按读音拼写的英语单词、辨认同义词	拼写线索		押韵	尽可能多地列出押韵的单词
	辨别、记忆、解释以及产出其他语言语音材料的能力。听觉灵敏度。将语音与书面形式相联系的能力。			
识别句子中词与短语的句法功能	句子中的词		语言分析	借助翻译判断未知语言的意义与规则
	注意语言的形态、句法、语义特征的能力，把各种语言形式相互联系的能力，从语言材料中发现型式、规律、规则的能力；语言（语法—语义）敏感度与归纳学习的能力。			
学习和回忆人造语言中的词	数字学习 匹配联想			
	记忆能力：记忆与回忆新语言词汇的能力。机械记忆。仅限于MLAT/EMLAT，PLAB中无此项能力			
			词汇	识别不同词汇的意义
	词汇知识，即一语中的词汇能力，只通过PLAB测试			
			学术领域的平均级点 外语学习的兴趣	测试员收集的信息。简短的调查问卷
	PLAB含有一般学业成绩与动机成分，但MLAT/EMLAT并不把它看作是学习能力概念的一部分			

图3-1 语言学习能力的构成

第三节 语言学与语言教学大纲设计

语言教学大纲即为语言课程内容的体现，包括对语言的选择、分级和排序，并将这些内容根据时间表分配到可操作的各个单元中。选择课程内容可以说是课程设计中最重要的环节。课程内容反映出课程设计者对于语言的本质、语言学习的规律和语言的应用等重要问题的认识，同时课程内容也是基于学科知识、教育理念和学生的需求而决定的。除了选择课程内容，还要对课程内容进行安排，也就是排序。通常排序的标准包括从简单到复杂、从低级到高级、从讲解到实践、从课堂到课外等。

一、语言教学大纲的特点

通常，教学大纲具有以下特点。

（1）是一个综合性的清单，包括①内容项目，如结构、词汇、主题；②过程项目，如语言任务、教学方法。

（2）内容是按顺序排列的，如先易后难、重点优先。内容排序可以是严格的，也可以是灵活的；可以是具体的，也可以是笼统的。

（3）具有明确的教学目标，它们通常是对教材的介绍部分加以说明。

（4）是公文，不仅实施者——教师能够查阅使用，而且消费者——学生、家长和用人单位，以及有关权威部门的代表、感兴趣的各方，如研究人员、教师培训者、教材编写者等都能够审阅。

（5）有的教学大纲会界定时间，如某项内容需要在第一个月完成，或第二个月完成，或学期结束时要完成多少内容等。

（6）明确提出有意向的教学方法，即使是以内容为中心的教材，教学大纲也会对教学方法有一些提示。

（7）一般会推荐教材，如课本、视觉材料或补充材料。

教学大纲包含的特点还体现在对教学过程的各个方面所起的作用。第一，教学大纲的内容是教师设计试卷和命题的重要依据，是检验学生学习结果的参照材料。第二，教学大纲的内容决定了教学的顺序和过程。第三，教学大纲的内容反映了教学方法的选择。第四，教学大纲的内容对课堂活动和上课的时间提出了要求。第五，教学大纲的内容反映了学生的学习规律和认知水平。

厄尔（Ur, 1996）认为，教学大纲实际上是一个目录，包含了一门课程需要教授的具体内容。教学大纲通常由教学目标、教学内容、教学方法、课程评价、参考/阅读书目几个部分组成。

二、语言教学大纲的设计

一般来说，常见的语言教学大纲有结构教学大纲、情景教学大纲、功能—意念教学大纲、交际教学大纲、任务型教学大纲这几种。下面仅对前两者进行分析和论述。

（一）语法/结构教学大纲

1.语法/结构教学大纲的优势

（1）它比较适合外语初学者学习和掌握一门外语的基本结构框架及其规则。

（2）对于英语作为外语国家的成年人而言，学习语法有助于掌握一门外语。

（3）循序渐进地学习语法和结构是科学合理的，符合学习的一般规律。

（4）学习语法和结构是掌握一门外语的途径之一。语法能力是交际能力的基础。

英语语言教学专家对语法/结构教学大纲的优势也有所阐述。威多森（Widdowson，1978）指出："如果教师希望保持一种比较折中的语言学观点，那么就不应该忽视传统语法具有许多作用这一事实。传统的教科书所提供的系列语法规则及其解释对人们学习语言起到了作用，并使大家终生受益。"作为传统的教学大纲，语法/结构教学大纲在传授语言知识方面仍然占据主要的地位。

2.语法/结构教学大纲存在的缺陷

（1）学习语法和结构只能反映语言水平的一个方面，不能反映综合语言能力。

（2）注重语言形式，不注重语言意义。

（3）只重视单个句子，而不够重视较长单位的话语、篇章。

（4）忽视了培养学习者的语言交流能力、语篇能力、社会语言能力等。

（5）这种学习方式只能展现局部性的语言熟练程度，不符合二语习得的自然顺序。

3.对设计和使用语法/结构教学大纲的建议

（1）学习语法和结构不仅要注重语言形式，也要注重语言意义。

（2）学习语法和结构需要提供大量有语境的实例。

（3）学习语法需要经常总结和概括所学的知识。

（4）语法/结构教学大纲可根据某单元的主题、技能以及活动的需要与其他类型的教学大纲，如主题教学大纲、技能教学大纲和任务型教学大纲一同使用。

（二）情景教学大纲

1.情景教学大纲的优势

（1）将语言置身于具体的交际环境中。因此，语言教学的目标明确，实用性强。

（2）学习者能够较快掌握生存语言，为语言运用打下基础。

（3）语言教学的目的除了传授语言知识，更注重的是语言运用。这样课堂教学就与现实生活中的语言实际运用结合起来了。

（4）在课堂上模拟现实生活中的语言交流，赋予语言以真实性的意义，有利于激发学习者的学习兴趣和学习动机。

2.情景教学大纲存在的缺陷

（1）情景教学大纲列出的情景可能客观存在，但是与其相关联的语言内容多是建立在直觉的基础上。现实生活中所使用的语言其实是不可知的，我们无法准确地预测人们在某一特定情景中会说什么样的内容。

（2）情景的选择存在随意性，课堂上学习了情景对话不等于就能够直接套用到现实生活中去。其结果往往是学习了一本短语手册。

（3）在注重情景教学的同时不够重视语法知识的传授，导致学生语法知识的欠缺，以致影响其综合语言能力的发展。

3.对设计和使用情景教学大纲的建议

（1）将情景教学大纲与其他教学大纲，如语法教学大纲、功能—意念教学大纲、任务型教学大纲等一同使用，互相取长补短。

（2）将课堂上模拟现实生活的语言交流与现实生活中的语言交流相结合，为学生提供体验真实情景中语言交流的机会。

第四节　当代英语教学的现状

一、受"应试教育"的影响

在传统教学模式中，应试教育是一个基本的目标，其主要目的是让学生成功通过考试。例如，在大学阶段，学生特别注重四、六级考试成绩，因为在他们看来，通过四、六级考试，就能够顺利毕业。但是，这样的考试就失去了英语教育的作用，也很难提升学生的英语实际应用能力。

二、师资水平参差不齐

在英语教学中，教师是重要的组成因素，起着重要的引导作用。因此，教师素质高低，与学生英语学习的积极性有着直接的关系。但当前，很多学校的师资力量紧张，并且师资水平也存在差异，导致英语教学存在明显的师资问题。

三、教学模式单一

在当前的英语教学中，并未进行足够的分类指导，这与当前经济与科技发展对人才的需求并不相符。由于招生规模比较大，班级人数比较多，导致很难控制有效的教学活动，造成任课教师在教学安排、教学内容等层面采取了“一刀切”的办法，这很难凸显学习者的个体差异性，很难将学习者的兴趣和积极性激发出来，也压制了学习者学习英语的主动性。长此以往，学习者自主学习能力的培养将成为一纸空谈。即便是一些基础较好的学生，他们也没有脱颖而出的机会，因此也很难培养自身的应用能力。

四、教材方面存在弊端

从很大程度而言，教材决定课程的教学内容与方法，因此无论对于什么课程来说，教材的选择与运用非常重要，当然英语教学也不例外。

但是，在我国当前的英语教材上，内容多是注重文字与争论，忽视了实用性。虽然当前我们也引入了大量的国外教材，但是这些教材与我国的教学需要并不完全适应。因此，我国的教材仍旧存在明显的弊端。

五、教学设备不能适应教学要求

一些条件比较差的学校，他们的多媒体教室比较少，并且设备较为陈旧，很难与英语教学要求相适应。多媒体教室的使用、更新、维修等还需要不断完善，一些教学移动硬件缺少，教学课件的引进、制作等还处于起步阶段，导致很多多媒体教室未得到应有的使用。

第三章 词汇学理论及其教学应用探索

词汇是语言系统中最为活跃、生命力最强的一个因素，也是人们进行交际、表达思想的基本语言单位。将词汇学理论运用于语言教学，能显著提高词汇教学的有效性，对语言教学改革起到指导性作用。

第一节 词汇与词汇学

词汇学是语言学的一个分支，是对词汇进行调查研究、描述并予以理论化的一门学科。本节将对词汇与词汇学进行简要说明。

一、词汇

在语言学习中，无论是要提高听、说、读、写、译的基本能力，还是想研究语音、语法、语义、语篇等专业内容，我们都会遇到词（word）。现代语言学的创始人之一——瑞士著名语言学家费迪南·德·索绪尔（Ferdinand de Saussure，1857—1913）曾说过，语言是"词的语言"，词是"语言机构中某种中心的东西"。那么词究竟是什么？

　　词汇是语言的基本要素。人类思维离不开概念，而概念的语言形式主要表现为词汇。此外，在语言传递信息的时候，词汇所承担的信息量大大超过语音和语法，所以词汇是人类应用语言的重要前提。

二、词汇学

　　词汇学（lexicology）是一门有关词的科学（the science of words）。

　　词汇作为语言系统的重要构件——音、形、义的结合体——是反映现实世界最直接、最完美的符号系统。对词汇系统的深入研究有助于人们探索语言本质，分析语言的变化和发展规律。但人们对词汇学研究的重视程度是不断发展的，自20世纪90年代以来，随着相关专著的不断问世和《词汇学》（*Lexicology*）杂志的创刊，词汇学开始在现代语言学领域里取得一席之地。由德国Walter de Gruyter公司分别于2002年和2005年出版发行的巨著《词汇学国际手册：词和词汇的本质和结构》（*Lexicology：An International Handbook on the Nature and Structure of Words and Vocabularies*）一书更是将词汇学研究提高到了一个新的高度。全书共1944页，分卷一（942页）和卷二（1002页），从1993年开始编写到2005年全部出版发行为止，历时整整13年。主编和200多位编写者均为世界各地语言学界的资深学者、教授和专家。作为一本学术含金量很高的专著，此书编著的目的如序言所说："尽可能提供迄今为止最具代表性的关于词汇学研究的方法论及与词和词汇相关的研究结果"，真实地向人们展示词汇学的研究内容和最新的研究成果。

第二节　词汇学的研究内容

词汇学是研究词汇的词义、变异、分类和功能的一门学科。现代语言学的一般理论认为，语言学由音系学、句法学、语义学三部分构成，词汇学是语义学的一部分，因此也叫词汇语义学。早期词汇学着重研究词汇的分类，即词汇扩大与缩小、褒义与贬义、抽象与具体、本义与转义等。现代词汇学着重研究词汇学理论模式的建立，力求把早期词汇学研究的内容纳入符号和公式之内，提高词汇研究的精密性和可验证性。

一、词汇形态的基本知识

词的形态其实指的就是词形，即词形成的方式。语言学中把研究词形，即词的内部结构及其构词规则的学科称为形态学。也就是说，形态学的主要研究任务就是揭示词素之间组合成词的规则及其结构。其中，词素这一概念是形态学中的重要概念，这打破了传统观念中以单词为基础研究构词的局限性。

需要说明的是，对于产生的一些英语新词中，大部分读者也能够通过分析其构词要素便可推断出词义，前提是掌握新词各个构词成分的含义，也需要了解一些构词规则，如由micropark一词中micro-（微小的）和park（公园）推断出词义"微型公园"。微型公园是指在街上的停车位上建起的小小的通常是临时的公园。不过大多数通过构词法所造出的新词语，通过分析构词形态并不一定能完全弄懂其义，如由复合法所构新词glass cliff，分析形态推出含义为"玻璃悬崖"，那这到底指的是什么呢？这时除了分析其形态理据外，还必须引入语义理据，即由一个词的概念意义而引起的不同的关联意义，它是一种心理联想，也就是说，在其原有语素意义的基础上引申或比喻出新意。

玻璃悬崖一词能让人联想到悬崖边上所建的玻璃栈道，让走在上面的人感到危险和害怕。玻璃悬崖glass cliff一词是指女性或少数族裔在颇具挑战的情形下升到领导层职位，而工作过程中遭遇失败的风险较高。这个词的创造，其实还和另一个词glass ceiling（玻璃天花板）有一定的渊源。glass ceiling指视若无形而实际存在于妇女、少数族裔成员在升职中遇到的障碍。2003年11月11日，伊丽莎白·贾奇在《泰晤士报》发表了一篇文章，探究了跻身于英国公司董事会高层领导职位的女性的影响，这是一群被称为突破了glass ceiling的女性。在文章中，调查研究得出的结果是女性居于公司高层领导地位时，对公司业绩带来了极大的破坏性后果。而真实的情况是女性被任命进了公司领导层，但其即将领导的公司近年来一直存在业绩不佳的状况，而持续存在的业绩不佳会对该女性就职后的业绩带来危险。这极可能使得这些女性的行为成为众人的注目焦点，而这些问题并不是因为她们的失职而导致的。用glass cliff对这一现象进行描述的命名法也引起了许多女性的共鸣。

在这个短语中，glass被用来指一种真实存在却看不见的问题。cliff让人联想到其危险性。所以，该词语的构造很好地体现了形态与语义理据的巧妙结合。通过这个例子要告诉读者，在分析许多英语新词的构词理据时，形态、语义和词源理据要结合在一起，只有这样，才能更好地把握词形与词义之间的关联，顿悟构词依据。

二、传统构词法框架下的形态理据

传统教材和词汇学教程所列的构词法是大家耳熟能详的，也是英语教师在课堂中会渗透用以帮助学生更好地掌握英语构词的规律的，更是历来学者们在论文中探讨最多的，那就是包括复合法、派生法、转化法、混成法、缩略法等在内的诸多构词法。其中，最能体现构词形态理据的当属复合法、派生法、缩略法和混成法。运用这四种构词法构成的新词往往能够通过分析其构词形式便可推断出新词词义。构词法指的是词的内部结构规律的情况。也就是词素组合的方式和方法。

依据张韵斐教授2004年出版的《现代英语词汇学概论》，运用上述几种方法构成的词在现代英语中占80%左右，其中以复合法和派生法构词的数量最多。所以，对于大多数新词，通过分析其构词法再稍加语义引申、联想和比喻等便可得到其义。

之所以把这些构词法冠以"传统"二字在于这些构词法都是以自由词根（单词）为基础来剖析词素内部组合方式。对于像vision，retrospect这样的单词在传统构词框架下是被作为不可再分的单词出现的，因为如果将vision分解为vis+-ion的话，读者会发现虽然-ion是英语中常用的后缀，如出现在单词action，production，connection中，但是另一部分vis却不能以单词的形式单独出现在英语中，在以单词为基础的传统构词法框架中，vision，retrospect是不可再分的的自由词根，所以也就不存在理据性。

传统构词法的局限性在于建立在以单词为基础的构词法中忽视了非自由词根。像vis，spect这样的成分不能独立成词，却拥有自己特定的含义，vis=see，spect=look，这样的词根出现在大量的英语单词中，如vision，television，visit，advise，revise；inspect，respect，prospect，spectator，suspect等。这些词中都含有不能单独使用的词根vis和spect，如果学习者能够掌握这两个词根的含义，那么也就不难推出上述这些词的含义来。也就是说，像vision，retrospect这样的词仍然是有形态理据可言的。但是，对于大多数英语学习者甚至是英语教师而言，很少具备有关英语词根方面的知识，因此也就很难辨认出上述词的形态理据。

（一）复合法

《牛津高阶英汉双解词典》给复合法下的定义是"由两个或两个以上相同词性或不同词性的独立词按照一定顺序排列组合在一起构成的词叫作复合词"。该定义明确把复合法建立在单词的基础上，也就是说，复合的前提是两个或两个以上的独立词组合在一起。一般来说，复合词的第一个成分确定主重音，而第二个成分的词性确定复合词的词性。当然，也有少数例外。从构成词的词性来看，主要有复合名词，也有少量的复合形容词和复合动词。现通过分析新词举例如下。

1.复合名词

silver industry [silver（*n.*）银色；industry（*n.*）工业] *n.* 银色产业指专注于做老年产品和服务的产业，业务涉及房产、护肤品、旅游以及娱乐行业。也可译为老龄产业。silver 喻指老年人的花白头发。

pumping party [pump（*v.*）用泵抽；注入；party（*n.*）聚会] *n.* 注射硅胶聚会。这是一种非法聚会，所有参与者接受无执照整形师为身体注入大量的硅胶。参加聚会的主要是一些变性人（transgender），通过注射硅胶来拥有身材曲线。除变性人外，还有一些正常性别的人在此接受成本低廉的整形手术。

brand slut [brand（*n.*）品牌；slut（*n.*）荡妇] *n.*品牌荡妇，指对一种品牌不忠诚的顾客。

age fraud [age（*n.*）年龄；fraud（*n.*）欺诈、骗子] *n.* 年龄造假。该词源于体育比赛中运动员通过年龄造假来获得某种优势。

digital native [digital（*adj.*）数字的、数码的；native（*n.*）当地人] *n.*数码一代/数码族，指出生在数码时代的年轻人，也有译为数字原住民、数字原生代。

vocal grooming [vocal（*adj.*）有声的、口头的；groom（*v.*）梳理、打扮+-ing] *n.*言语整饰。整饰"（grooming）原指梳洗等装饰外表的行为，如两个大猩猩常常互相为对方清理毛发。可以说，整饰是一种社交活动，通过相互整饰外形，动物之间建立起一种亲密的纽带关系。人类亦是如此，握手、爱抚、打闹、拥抱等肢体接触都是"社交整饰"（social grooming），言语整饰是指闲聊或其他形式的非正式谈话，相当于某些灵长类动物的社交整饰，其本质是社交活动。

January feeling [January（*n.*）一月；feeling（*n.*）心情、感觉] *n.*一月心情指的是人们在新年伊始所持有的那种万事皆有可能的乐观的心理状态。

2.复合形容词

elder-proof [elder（*n.*）老年人；proof（*adj.*）防……，抗……] *adj.*对老年人安全的。

shovel-ready [shovel（*n.*）铲子；ready（*adj.*）准备好的=准备好铁铲的] *adj.* 准备就绪的。

motor-homeless [motor（*n.*）汽车；homeless（*adj.*）无家的] *adj.*有车无家的。在美国，住在汽车里的无家可归者有增多之势。对于普通的无家可归者来说，其艰辛生活早已引起社会关注；但对于那些住在汽车上的无家可归者，社会的关注度却并不高。美国的社会问题专家把这类"新型"无家可归者称作"车上无家可归者"。

walkaway safe [walkaway（*n.*）离去；safe（*adj.*）安全的] *adj.*通道安全的。描述一种装置，特别是核电站，因停电出现故障或泄漏等其他原因迫使其操作员必须撤离现场时，它也会安全地关闭，对人体或环境不会造成危害。

reborn digital [reborn（*adj.*）再生的；digital（*adj.*）数字的] *adj.*再生数字的。

3.复合动词

名词+动词：crowdfund（众筹）

形容词+动词：whitewash（粉刷），safeguard（保卫），softland（软着陆）

副词+动词：hard-sell（强行推销），overturn（使翻倒），outweigh（在重量上超过）

动词+动词：go-get（志在必得），guess-esimate（猜估）

形容词+名词：badmouth（说坏话），double-space（隔行打）

从19世纪，特别是20世纪以来，复合动词的数量与日俱增。复合动词的一般的构词特征是，若有动词，则动词后置，其他词类居首。当然也有例外，如动词+名词：showboat（炫耀）。从历史角度看，复合动词大多是由"逆构"而成。"名转动"是近年来复合动词产生的重要方式，也是复合动词构成的主要方式。

对wordspy网站提供的2007—2017年间产生的网络新词进行梳理，发现所构成的复合动词寥寥无几，只有复合名词crowdfunding逆构形成的crowdfund，这也证实了"名转动是复合动词产生的重要方式"这一观点，但目前使用该复合动词的场合要比它相应的名词形式要少得多。

复合动词的发音规律可归结为：一般情况下主重音往往落在第一个构词成分上，如badmouth。但如果复合动词是小品词+动词这样的组合，则弱读第一成分，重读第二成分，如overflow。英语中形似介词的副词小品词是一类比较特殊的词。它既有副词的某些特征，又具有介词的词形。它往往与前面的动词形成修饰和补充说明的语义关系，本身不能单独充当句子成分；它形似介词，又没有实体意义，却不能独自带宾语，与动词构成的是只有一个论元的单位述谓结构。

（二）派生法

派生法是英语中最主要的构词方式。纵观许多词汇学书籍，对派生法所给的定义概括如下：派生法是在词根或词基上加词缀，包括前缀和后缀，所构成的词叫作派生词。虽然种种说法提及词根或词基，但是并没有对词根或词基的概念做进一步明确的界定。

而且在所举例子中，大都是"单词或自由词根+词缀"或"词缀+单词"或"自由词根"这样的构型。似乎将词根模糊地等同于自由词根，并没有考虑非自由词根加缀的情况。这也从侧面反映了传统构词法研究的局限性，也可能因为非自由词根加缀的情况比较复杂，至今在词汇学界讨论的声音少之又少，只有李平武教授在著作《英语词缀与英语派生词》中对"自由词根+词缀"和"非自由词根+词缀"两种不同的情况在派生法框架内做了区分和界定。

作者把以自由词根或单词为基础加缀的构词法称为传统构词法框架下的派生法。现以英语新词举例如下。

1.单词+后缀

wardrobing [wardrobe（*n.*）衣柜；–ing（*n.*）属于……的，具有……性质的] *n.*偷衣行为，指的是顾客购买了一件物品，使用过后又将其退回去的一种行为。退回用过的货是时装业一个常见的现象，消费者购买的最初意图就是用后退货，尤其是对于那些线上卖家来说碰到此类情况更多，买家穿着买到的衣服参加party然后在退货截止日期前以"与货品描述不符"的理由要求退款。

binner [bin（*n.*）箱子、容器；– er（*n.*）……的人] *n.*从垃圾桶捡废旧瓶罐变卖的人。

nerddom [nerd（*n.*）书呆子；–dom（同行、集体）] *n.*书呆子（总称）。

videophilia [vedio（*n.*）影像、视频；–philia（爱好……）] *n.* 影像亲近症，指人们热衷于电视、网络及视频游戏等电子媒体带来的静止类活动这一现象。

kindergarchy [kind（*n.*）小孩、儿童；–er（名词复数）；–arch=ruler统治者；–y =the state表状态] *n.*孩子为王。kindergarchy指"由孩子统治"，或者认为孩子的需求和喜好优先于家长和其他大人需求的观点，即"孩子为王"。在中国的家庭里，独生子女的地位最高，父母、祖父母都得围着他转，这样的小孩被形象的称为"小皇帝"。

2.前缀+单词

precrimination [pre–（……之前）；crimination（*n.*）定罪、控告] *n.*提前控告、指责。

exoplanet [exo–（外面）；planet（*n.*）行星] *n.*系外行星。

defriend [de–（去除)+；friend（*n.*）朋友] *v.*删除好友。

ecodrive [eco–（环保的）；drive（*v.*）驾驶] *v.* 环保驾驶。

（三）缩略法

缩略法（shorting）就是把词的音节省略或简化而形成的词。缩略词不创造新词，即不增减意义，也不改变意义。这种构词法具有造词简练、使用简便的特点。英语中缩略词形式繁多，主要有三种类型：截短词（clipped word）、首字母拼音词（acronym）和首字母缩略词（initialism）。

1.截短词

截除原词的某一或某些音节所得的缩略词，叫作截短词。常见的有以下几种方法。

①略去后部，保留前部

telecommunication=telecom

dormitory=dorm

photograph=photo

②略去前部 保留后部

professional=pro

aeroplane=plane

advertisement=ad

③略去两头，保留中部

influenza=flu

refrigerator= fridge

2.首字母缩略词

利用词第一个字母代表一个词组的缩略词就叫作首字母缩略词。

RDI =repetitive driving injury 因为长时间驾车而造成的身体疼痛，尤其是因为坐姿不正确或者座椅位置不合适而引起的疼痛。

VBIED=vehicle-borne improvised explosive device 车载简易爆炸装置。

DWT=driving while texting 开车时手机发讯息。

3.首字母拼音词

把首字母组成的缩略词拼读成一个词，就是首字母拼音词

VUCA= Volatile，Uncertain，Complex，and Ambiguous 乌卡时代，是指我们生活在一个易变的、不确定的、复杂的和模糊性的世界里。例如，今天，世界已进入VUCA 时代，我们正面对着一个易变（volatility）、不确定的（uncertainty）、复杂（complexity）和模糊（ambiguity）的世界，"年年岁岁花相似"的周而复始的情况正在远去，"三千年来未有之大变局"令越来越多的人感到焦虑和迷茫。

（四）混成法

混成法（blending）也叫拼缀法，就是把一个词与另一个词"混成一体"来构成合成词的方法。从形态结构看，混成法主要分为以下三类。

1.第一词的首部+第二词的尾部

collabulary [collaborative（*adj.*）合作的、协作的；vocabulary（*n.*）词汇] *n.* 协作词汇，一种常用的词汇表，用户可以在线分类他们发现的数据，特别是与分类专家协作创建的数据，以确保相关性和一致性。

globish [global（*adj.*）全球的；English（*n.*）英语 *n.* 全球语。

philanthropreneur [philanthropy（*n.*）慈善活动；entrepreneur（*n.*）企业家] *n.*慈善企业家。

framily [friend（*n.*）朋友；family（*n.*）家人] *n.* 家人般的朋友。

2.第一词的全部+第二词的尾部

fauxtography [faux（*adj.*）假的、人造的；photography（*n.*）摄影] *n.* 照骗，指的是用软件操纵图像的方式制作伪造照片的做法。

mancation [man（*n.*）男士+ vacation（*n.*）vacation（度假] *n.* 男人假期，指只有男人度假的假期。

murderabilia [murder（*n.*）谋杀；memorabilia（*n.*）大事记；值得纪念的事物] *n.*谋杀纪念品。

poorism [poor（*adj.*）贫穷的；tourism（*n.*）旅游] *n.* 穷游。在国内，穷游指的是一种新兴时尚的自助旅游方式，指的是用比较有限的资金预算到某地或某国去旅游。为了省钱，出游期间可能要选择乘坐廉价的航空飞机，住相对廉价的青旅，出门的时候还要几个人拼车等。但是，这里要说的poorsim是另一层面的含义，指到最贫困以及经济最不发达的地区旅游。人们可以参与为期一天的穷游，有人甚至花钱住在非常贫困的地区，以亲身体验居住在世界上生活水平最低的地区是什么样子？有人认为，穷游可以唤起人们对长期贫困、移民困境以及战争影响的关注。

fusioneer [fusion（*n.*）核聚变；engineer（*n.*）工程师] *n.*核聚变研发工程师。

blogebrity [blog（*n.*）博客；celebrity（*n.*）名人] *n.* 网红、知名博主。

feebate [fee（*n.*）费用；rebate（*n.*）回扣、折扣] *n.* 综合税制，一项政府计划，旨在通过对燃油效率低的车辆征收费用并向省油汽车提供回扣，以减少能源使用和污染。

bullyside [bully（*v.*）欺侮；suiside（*n.*）自杀] *n.* 一个孩子在被欺负或骚扰后自杀。

returnment [return（*v.*）返回；retirement（*n.*）退休] *n.* 返聘。

3.第一词首部+第二词的全部

techno–creep [technology（*n.*）技术；creep（*n.*）爬行，蠕动] *n.*

voluntourism [volunteer（*n.*）志愿者；tourism（*n.*）旅游] *n.*公益旅行。"公益旅行"也叫"义工旅行"，主张旅行者在旅游中承担一些社会责任，如参与保护野生动植物，或者帮助目的地改善卫生、教育、文化状况。"公益旅行"源于欧美国家，在中国沿海地区，越来越多年轻人开始关注这一旅行方式，其中既有商务差旅活动较多的白领人士，也有将需要帮助的地方作为目的地的旅行爱好者。以旅行之名，行义工之职。再以义工之职，助需要之人。

neuroethics [neurological（*adj.*）神经学的；ethics（*n.*）伦理、道德] *n.* 神经伦理学。

celeblog [celebrity（*n.*）名人；blog（*n.*）博客] *n.*名人博客。

近几十年来出现的许多新词都是借用混成法构成的。可以说，这种构词法能产性特别强。在21世纪英语新构词中，可以随手拈来。例如，man+panel（小组）=manel（全部由男性组成的小组）；ski（滑雪）+hitch（搭乘他人之车）=skitch（骑在诸如滑板或自行车的轮式设备上并抓住移动车辆后面被带动滑行）；shrink（缩小尺寸）+inflation（通货膨胀）= shrinkflation（缩水），这一现象是指某些受欢迎的小食品在维持原价的同时，却将大小或数量减少了。简而言之，就是你花了同样的钱，购买的东西却少了。

三、英语词义关系的轴线性

轴线性最早是由认知语言学者塔尔米（Talmy，2000）提出。他认为，语言的概念结构包括七种构型结构：（1）复杂度；（2）界限状态；（3）分离状态；（4）延展程度；（5）模式；（6）轴线性；（7）场景分割。前三种构型结构都是根据单元的有界/无界和连续/离散及复元的有界/无界和连续/离散最终结合为八种情形，此结合的过程可称为量的配置。延展程度作为一种非常重要的构型结构，分为有界的延伸及无界的延伸。关于轴线性，塔尔米指出像well/sick这类形容词，不仅仅是反义词，还预设了一个具有特定结构和方向的图式轴，每个形容词都代表轴上的一部分。也就是说，这些形容词看起来是预先设定了一通射线，线的一端是有界的：well（健康的）指代射线的端点，sick（生病的）指代射线的其他部分，离端点的距离越远代表病的程度越深。

因此，我们可以这样说，轴线性即词汇与特定的认知轴的具体关系以及与所指对象在同一轴上的其他词汇的具体关系。

（一）同义关系的轴线性

同义关系（synonymy）指的是英语中两个或两个以上语义相同的词语之间的聚合关系，也称为同义聚合。能够表示相同意义的词汇被称为"同义词（synonyms）"。例如：

big（大的）—large（大的）

sofa（沙发）—couch（沙发）

purchase（购买）—buy（买）

change（改变）—alter（更替）

accuse（负责）—charge（负责）

choose（选择）—select（选择）

continue（继续）—go on（继续）

youth（年轻的）—adolescent（青春的）

remember（记忆）—recall（回忆）

vocation（假期）—holiday（假期）

rude（粗鲁的）—impolite（不礼貌的）

awful（害怕的）—terrible（可怕的）

同义聚合根据词义相同性的比例，可以将其划分为完全同义词、部分同义词和主导同义词三种。以下将详细探讨各类同义关系的轴线性。

1.完全同义的轴线性

完全同义词（absolute，exact，perfect synonyms）指的是词汇无论是在基本意义、关联意义、用法上都完全相同的词语。[①] 完全同义词主要为一些专有名词和术语。但是由于词汇是随着时代的发展而不断变化的，因此完全同义词也会随着时间的推移而产生语义上的区别。例如，submarine和U-boat本来是一对完全同义词，表示的是"潜水艇"的含义。但是，在第二次世界大战中为了进行敌我区分，U-boat用来指德军潜水艇，而submarine则用来指同盟军的潜水艇。U-boat这个说法在战争结束后便不再使用了。

如果两个词意义完全相同，那它们在轴线上的图示应该是处于完全重合的状态，那就似乎没有谈论同义关系的轴线性的必要了。但是众所周知，在任何时候、任何语境都能相互替代的绝对同义词在英语中为数极少。大部分同义词都是相对同义词，即下面的两种类型：主导同义词和部分同义词。

2.主导同义的轴线性

主导同义词（dominant synonym）指的是词义基本等同于其他所有词的基本意义的词。例如：

Look—stare—gaze—peep

laugh—grin—giggle—chuckle

yellow—orange—wax-yellow—lemon-yellow

在上面的两组同义词中，look，laugh就是主导同义词。这两个词所表达的含义为同义词组中其他词公有的、最基本的含义，能够代表人们对事物的基本认知，同时，随着人类认知能力的提高而产生了其他不同的分类形式。

主导同义关系的轴线性体现为在纵向维度的包容型，根据词义的有界状态和无界状态分为面点包容型（图3-1）和面面包容型（图3-2）。

---

① 薛贝贝.词义关系与英语写作[J].长春理工大学学报（社会科学版），2010（6）：162.

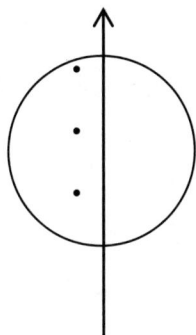

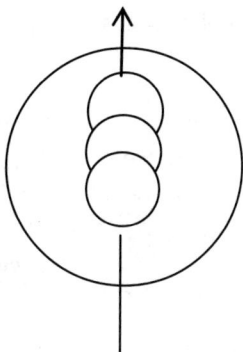

图3-1 面点包容型　　　　　　　　图3-2 面面包容型

在面点包容型同义关系中，主导同义词的边界是模糊的，但是有限的，所以轴线末尾是实线，而其同组的其他词是边界固定的、有限的，如以look和laugh为主导同义词的一组同义词。而在面面包容型同义关系中，主导同义词的边界是开放的、模糊的，因此轴线末尾是虚线，同样其同组的其他词的边界也是开放的，模糊的，彼此之间呈现出连续性和重叠性，如以yellow为主导同义词的一组同义词。

3.部分同义的轴线性

部分同义词（near，partial，loose synonyms）指的是词汇在至少一种语境中存在不能相互替代的关系，但是二者在基本意义上带有相同或者相似性。例如：

find和discover为部分同义词，二者在多数语境中都能进行互换，但是也存在着不能互换的语境，如 "I found it easy to play basketball." "Marie Curie discovered radium in1898."这是因为find具有以某种方式经历某事的含义，但是discover却带有第一个经历某事的含义。

部分同义词的比例较大，而且也不仅仅包括上面语境差异这一种类型，它还包括在文体风格、语义强度、词义重点、位置、搭配、感情色彩等方面存在着的一定的差异。

（1）文体风格差异

文体风格的差异指的是有些同义词虽然能够表达相同的概念，但是词汇所适用的文体却不尽相同。例如：

正式	非正式
steed	nag
behold	see
reside	live
content	glad
gentleman	fellow
thereafter	after that

上述列举了相同内涵的表达，在正式文体与非正式文体中的词汇选择。文体风格的差异直接影响着词汇表达的得体性与使用性，需要引起使用者的注意。

（2）语义强度差异

语义强度的不同是英语同义词表达时的一大差异。例如：

The cold weather turned the leaves red.

A glacial sun filled the streets, and a high wind filled the air with scraps of paper and frosty dust.

在上面的两个例句中，cold和frosty都有冷的含义，但是具体来说，两个词所表示的冷的程度却有所差异。其中，cold表示的是一般的冷，但是frosty表示"霜冻的"，二者在冷的强度上有所差异。

（3）词义重点差异

同义聚合关系在词义重点方面也带有自己的差异性。例如：

The wolf rolled over and played dead to escape capture by the farmer.

They lost no time in fleeing the burning hotel.

在上面两个例句中，escape和flee为同义词，都表示逃跑，逃脱。但是从词义重点上说，flee指的是在紧急状况下仓促的逃离，escape却不带有这个重点。

以上三种部分同义关系的轴线性的体现与语境差异同义关系的轴线性表现一致，同为纵向维度的重叠型，可以看出各词在一定的场中表现出语义连续渐进性或部分重叠性，但是轴线末端的虚实需依赖词义本身是否有界限，而有所不同。

（4）位置差异

一些同义词在句中分布的位置不同，从而产生出了一定的差异。例如：

He is the greatest living novelist in America.

He is the greatest novelist alive in America.

在上面的例句中，living和alive为同义词，表示的是"活着的"。但是从句中的位置关系对二者进行分析，living通常作前置定语，而alive则通常作后置定语。

（5）搭配差异

一些同义词在搭配上存在着一些差异，在语言表达过程中也需要尤其注意。例如：

A flock of sheep are ranging over the grassland.

All you have to do is jump in a cage and be lowered into a school of hungry sharks.

Robin keeps a photo of a pride of lions on her desk.

在上面的例句中，同义词为a flock of，a school of，a pride of，都表示一群的含义，但是这些词在搭配上却又自己的特点。

（6）感情色彩差异

同义聚合中的感情色彩差异指的是虽然词汇的意义相同，但是在具体使用过程中却表达出了语言使用者的情感态度。对于这种同义词的理解要结合相关语境，同时考虑说话者的情感色彩进行理解。例如：

褒义	贬义
black	nigger
slender	skinny
thrifty	miserly
childlike	childish
statesman	politician
firm	pigheaded
plump	corpulent

上述列举了相似内涵的褒义与贬义表达。感情色彩词汇的使用体现出了说话人的话语态度，影响着交际的走向。

（二）反义关系的轴线性

反义关系被认为是一种最重要的语义关系，它反映了世间万物无时无刻不存在于矛盾的对立统一变化之中，而语言中的反义关系是其重要反映。反义关系（antonymy），顾名思义，指的是英语中语义相反的词汇所组成的聚合关系，也称为反义聚合。例如：

bad—good

work—rest

fall—rise

full—empty

dirty—clean

thick—thin

sleep—wake

marry—divorce

formal—casual

optimistic—pessimistic

对于反义词（antonymy/opposites）的分类众说纷纭，有三分说、四分说还有五分说。1987 年我国语言学家胡壮麟在《语言学教程》中认为反义词也就是对立关系，并将反义词分为三大类：分级反义（gradable antonymy）、互补反义（complementary antonymy）以及换视角反义（converse antonymy）。而郭聿楷和何英玉在所著的《语义学概论》中谈到反义词表示的语义对立是同一范畴、同一属性、同一类运动或状态中语义的对立、矛盾、不相容，并将其分为四类：两极对立（contrary opposites）、互补对立（complementary opposites）、矢量对立（vectorial opposites）、相关对立（relational opposites）。分的最详细的当属英国的语言学家萨伊德（Saeed）。在《语义学》一书中他认为反义词指词与词的意义呈相反关系，并将其分为五大类：双向反义（binary pairs）、分级反义（gradable antonyms）、逆向反义（reverses）、换视角反义（converses）以及类别性反义（taxonomic sisters）。反义词的不同分类反映了人们对于反义词概念本身的认识具有模糊性。下面以萨伊德对反义词的五分说为标准来探讨反义关系的轴线性。

1.双向反义的轴线性

双向反义（binary pairs/simple antonyms）指词与词之间在语义上是一种相互排斥的互补关系，一方的肯定就意味着对方的否定，即"在逻辑上遵循'二值'逻辑规律，是一种非A即B的关系"。例如：

same—different

able—unable

perfect—imperfect

present—absent

alive—dead

success—failure

male—female

可以看出，这类反义词自身的边界性是比较明确的，因此用点来表示，反义词双方表示正面意义的或者占主导地位的位于上方，而表示负面意义或者处于从属地位的则位于下方。其实我们发现在后面的几对的反义词如success与failure中有draw（平局）的这种说法，male与female之间有一些transgender（变性人）的存在，所以随着社会的发展，人类认知不断提高，这类反义词将向下一类分级反义词转化。

2.分级反义的轴线性

分级反义（gradable antonyms）指对立体之间，一方的肯定并不意味着对方的否定。这种类型反义词对立体之间没有泾渭分明的界线存在一些中间状态。例如：

cold—hot

cool—warm

long—short

high—short

old—young

fat—thin

rich—poor

good—bad

soft—hard

far—near

love—hate

friend—enemy

quiet—noisy

beautiful—ugly

cheap—expensive

在上述几组相对反义词汇中，词汇之间可以插入不同程度的词汇，从而体现出语义的层次性。例如，cold与hot之间，就有cool与warm有多种不同的形态。此种分级反义词自身的边界是模糊的、开放的，因此用圆来表示，且轴下方用虚线表示。表示正面意义的词位于轴线上方，表示负面意义的词位于轴线下方，与中间的过渡词汇边缘相互重叠，形成一个连续体。需要注意的是，此类反义关系在表达过程中，对一方的否定并不表示对另一方的肯定，如我们说this girl is not thin，并不意味着说this girl is fat。另外，有时候，互为反义的单音节词与同一其他语素组合之后不一定互为反义，如高能指高能量，低能却指才能低下；长足指进展大，短足却指短途旅行；大姐指对女性朋友或熟人的尊称，而小姐现在却更多指以卖淫为生的少女。

3.逆向反义的轴线性

逆向反义（reverses）指描述动作的词与词之间，一方描述某一方向（→）的某一动作,另一方则描述相反方向（←）的同一动作。例如：

rise—fall

enter—exit

come—go

east—west

front—back

例如，front和back。在观察者转身后，front变为back，back则变为front。这里涉及观察者的认知视角的问题，也就是"视点（perspective point）",即在心理上观察某一个事物或场景的位置，涉及诸如位置、距离和方式等因素。这也是下一类反义词将要探讨的换视角反义关系。

4.换视角反义的轴线性

换视角反义（converses）指从不同视角来看两实体之间的关系处于相对对立的关系，即一方的存在是以另一方的存在为前提。例如：

teacher—student

husband—wife

father—son

doctor—patient

parent—child

host—guest

former—latter

buy—sell

give—receive

up—down

before—after

above—below

换视角反义关系的双方基本上都是实体，其边界线比较确定，所以用点来表示，如果指定的是边界比较模糊的概念，那么两个点则应该换为两个圆。但是需要注意的是，两个实体或概念之间不存在谁是正面意义或负面意义，所以也不存在用实线表示的横轴，用虚线表示的横轴只是代表观察者的心理视角及参照点。例如，我们可以说"雨点落到地上"或"雨点落到地下"。这两种说法都是成立的，它不仅依赖于雨点与地面之间互为前提，也取决于观察者对参照点的选择。另外，像teacher与student，father与son这些关系，随着时间的流逝，会出现个体视角的重叠，如一个人既是多位老师的曾经的学生，又是很多学生现在的老师；一个男人既是自己爸爸的儿子，又是自己儿子的爸爸。总之，它们之间的关系不是绝对反义的，一方的存在是以另一方的存在为前提的。

5.类别性反义的轴线性

类别性反义（taxonomic sisters）指同一分类系统中在同一层面，彼此之间是互不相容的的词。例如：

Monday—Tuesday—Wednesday—Thursday—Friday—Saturday Sunday

spring—summer—autumn—winter

breakfast—lunch—supper

在类别性反义关系中一部分是封闭的（closed），像一周的七日；但也有的是开放的（open），如brunch的加入，使得一日三餐家族增加了姐妹成员。当然色彩词是属于这一类别性反义关系的。它属于成员开放性的类别。不同语言往往具有迥然不同的颜色词，这些颜色词对光谱的切分往往有很大的差异，于是就有二分法（巴萨语）、三分法（绍纳语）、四分法（巴西北部的一种语言）、五分法（墨西哥北部的一种语言）、六分法（德语、英语）、七分法（俄语）等。七分法刚好同太阳光经过三棱镜的折射后形成赤、橙、黄、绿、蓝、靛、紫的彩色光谱吻合。光谱中没有灰色和棕色，但是在不少语言中却有表示这两种颜色的词。

类别性反义关系中各成员之间没有正面意义和负面意义之分，因此也不存在横向的数轴。圆的数量依成员数量不同而不同，各成员之间在纵向维度呈连续性，对于某些概念或事物可能会出现相互重叠的情况。轴线下方对于成员开放的类别呈虚线，对于成员固定的类别呈实线。

但是我们其实不难发现，对于成员封闭式类别反义关系中的很多情况下，出现了与宇宙同构的循环往复现象。因此，其纵向维度的轴线性呈现出三维特点。类别性反义关系中各成员之间呈现出家族相似性、连续性及边缘的模糊性，因此是用彼此相互连接的圆来表示。各成员没有正面意义和负面意义之分，中心横向的轴只是万事万物周而复始、循环往复的循环轴。

（三）反义聚合的特点

英语词义的反义聚合关系较为复杂，主要表现出以下几个特点。

1.一词对应多个反义词

英语中的很多单词都有多个反义词，这一现象出现的原因主要有两个。

（1）一词多义。由于英语单词中一词多义的现象很多，因此每个词义相对应的反义词汇也就不同，从而造成了一些单词对应多个反义词。例如：

bright（明亮的）—dark（黑暗的）

bright（聪明的）—stupid（笨的）

（2）一词对应不同类型的反义词。有些单词对应两个反义词，一个是对其否定的反义词，另一个是意义与之对立的反义词。例如：

free（自由的）—unfree（不自由的）

free（自由的）—enslaved（受奴役的）

2.反义词的同现

在语言使用中，为了使表达给受话人留下更深刻的印象，经常使用矛盾修饰语，即通过两个反义词同现的方式，造成一种矛盾的方式，增加语言表达的力度。例如：

living death（虽生犹死）

sweet pangs（甜蜜的痛苦）

painful pleasure（悲喜交加）

a clever fool（聪明的傻瓜）

3.反义同词

很多语言包括英语中存在反义同词现象（enantiosemy），即指共时同一个词具有两种截然不同的意义。例如，overlook既有监视、监督的意思，又有忽视、忽略的含义；overhear既有有意偷听之意，又有无意听到之意等。

四、语篇中词义轴线性的表征

从同义关系轴线性和反义关系轴线性我们可以看出，每个词根据其词义都能在坐标轴上方、下方或坐标轴上找到属于自己的点或面，那么如果我们把词在文章中出现的顺序作为其横坐标，是不是可以把语篇中所有的实义词在坐标轴上标记出来呢？答案是肯定的。

（一）语篇中词义轴线性的模型构建

靳俊杰（2009）在其硕士论文《文学语篇中情感词汇的韵律结构研究》中以文学语篇中的情感词汇为例做了类似的研究。他选取我国现代女作家张爱玲的英文写作 *The Spyring* 为研究语料，对分布于5000多字小说里的29句话中（共307句话）共35处描写女主角情感词汇资源进行轴线性分析。首先将所有句子分别编号为S1、S2、……、SX、……S307（X为句子在文中出现的顺序号，不考虑其描写手段是倒叙或插叙）。对于同一句子出现不止一处情感词汇的情况，按其出现顺序编号为SXa、SXb、……以马丁的评价系统中情感系统为理论框架，将语篇中情感词汇进行分类。

评价系统认为情感系统分为品质情感、过程情感和评注情感。情感意义有积极和消极两种含义，肯定含义的品质词总是表达正面意义，而否定含义的品质词总是表达负面意义。现实型的情感意义主要有三种情况，即快乐/非快乐，安全/非安全，和满意/非满意。非现实型的情感意义总是外物导致，上义层为"非/倾向"，包括外物导致的恐惧或由外物引起的欲望；情感是有深度的，可以被分为低/中/高三个级。因此，情感资源四因子分别进行以下标记：inc代表倾向，hap代表快乐，sec代表安全，sat代表满意。另外，"+"代表积极情感，"–"代表消极情感。为了区分消极情感与用语法手段否定的积极情感，如sad和not happy，我们将其分别标记为 –hap和neg+hap，但是对于形态上的否定，如unhappy，我们则直接标注为–hap，因为它是词汇内部的实现。情感是有极性（polarity）的，从积极情感向消极情感形成一个低/中/高分阶的连续体。

为了识解情感的精密度，他首先对语篇中描写女主角情感词汇资源分别进行隐性分级。情感词汇的隐性分级指词汇本身所隐含的极值。例如，The captain disliked/hated/detested leaving. disliked/hated/detested 的极值分别为低、中、高。这里，我们把积极情感的低/中/高分别赋值为1，2，3，而消极情感的低/中/高分别赋值为–1，–2，–3。用此赋值方法，我们把语篇中所有情感词汇资源进行隐性分级。

除此以外，还合取了级差系统作为辅助，对语篇中描写女主角情感词汇资源分别进行显性分级。级差是指态度（包括情感）的增衰，就好像调节音量。级差系统主要包括语势和聚焦两个子系统。语势调节可分级的态度范畴的力度，如是强势还是弱势，而聚焦则是把不能分级的范畴分级，包括明显和模糊。

情感词汇的显性分级指情感词汇的修饰语的分级。情感词汇的修饰语的隐性分级对于它所修饰的情感词汇来说是对其外在的显性分级，它本身也有低/中/高值之分。我们分别赋值为0.5，1，1.5，当然我们不否认其非离散性。修饰语是增强手段还是削弱手段依赖于它所修饰的情感词汇的极性。用此赋值方法，语篇中所有情感词汇资源可以进行显性分级。

在语篇所有情感词汇资源进行隐/显性分级后，每一个评价词汇根据在语篇中出现的顺序重新进行了标注，且高/中/低值分别被简写为 h，m，l。单个情感词汇的值在修饰语的调节下，其级值可能会超出−3 或3。

基于所有情感资源的级值，本书利用词汇的轴线性，将所有情感词汇在坐标轴上定位，连接各点便形成一条曲折的弧线，这就是语篇的情感流（affect flow），也就是词义轴线性在语篇中的表征。

靳俊杰提出，文学语篇中情感词汇轴线性的表征也称韵律结构像一条波浪起伏的河流。在此模型中，横轴是一条开放的轴。横轴上的 1，2，3a，3b，4等表示各情感资源重新标记后的数字。纵轴是表示极值的轴，−3，−2，−1，0，1，2，3等代表各词汇资源的极值。在分级修饰语的调节下，其极值可能超过 −3 或3。从语篇的情感流中积极情感与消极情感的剧烈快速变换，我们可以推断出女主角Shahlu剧烈的心理挣扎和情绪变化。本模型以情感词汇的轴线性的主观量化为始，以模糊视觉化而终，其主要意义在于反应了语篇中情感的多模态及为识解文学语篇的情感意义提供了一个新视角。

需要注意的是，情感词汇的边缘是模糊的，并且在语篇中会影响其它间接或中性的情感词汇资源来营造语篇的情感氛围。在修订后模型中，情感流与横轴相交形成了大小不一的多个区域。其中，每一个波峰是一个积极情感域，每一个波谷是一个消极情感域。情感流与横轴的交叉点则是域之间的边界标记。在各个韵域中，中性情感文字资源会受情感词汇的渲染，从而营造了语篇的情感氛围。事实上，一个语篇的语义韵是非常复杂的，因为不同角色的韵域会交织在一起。在各语义韵的相互影响下，进而形成了整个语篇的基调。图中共有16个韵域，包括8个积极情感域及8个消极情感域。很明显，消极情感域的总面积大于积极情感域的总面积，从而进一步证实小说的悲观基调。

（二）语篇中词义轴线性的认知解读

语篇中情感词汇的韵律结构只是以情感词汇为例探讨了语篇中词义轴线性的表征。但是，通过模型构建图示出来的情感流结构和语义韵结构却可以反观人们的概念认知结构。

首先，在语篇中情感词汇轴线性表征为类似一条波浪起伏的河流的情感流韵律结构，体现了情感在语篇中的流动是一种虚构运动，即似乎有某种无形的物体从始源域投射出来，沿着某一路线在空间移动，直至作用于末端物体。利用运动来表示静止的事物的虚构运动也体现了人类语言系统与情感系统的互动。

其次，在语篇中情感词汇轴线性表征为波峰波谷交错的情感语义韵结构，体现了人类的隐喻思维。方向隐喻（orientational metaphors）里谈到happiness is up，sadness is down，与情感语义韵中处在上方的积极情感域和处在下方的消极情感域不谋而合。而语义韵内情感词汇对其他中性词汇的情感氛围的渲染体现了容器隐喻（container metaphors）的原理。

最后，在语篇中情感词汇轴线性表征中隐性及显性的分级手段的此起彼伏体现了变动状态力动态模式。所谓力动态，就是人们所认为的事物与用力直接的关系，包括力的施加、对力的阻挡、对力的克服、力的障碍物以及这些障碍的消除。正是语篇中分级手段的力的调节使得情感词汇的轴线性更加明显。

第三节　词汇学理论在英语教学中的应用分析

目前，词汇教学存在着诸多问题，教学现状并不佳。对此，为了切实提高词汇教学的效果，提升学生的词汇水平，培养学生的跨文化意识，就需要在遵循基本教学原则的基础上，对教学方法进行优化，即选用新颖有效的方法开展教学。

一、集中培训策略

集中培训是在特定的时间内，将词汇学习方法作为课堂教学的中心内容，旨在让学生形成正确的词汇学习观念，获得适当的词汇学习方法。集中培训可以是一次完成，但是最好将时间控制在两周以内，然后在后续的教学中不断提供机会让学生运用词汇方法；也可以是分几次完成，可以根据观念与方法的分类，结合教学安排，在学期的不同阶段抽出专门的时间对学生进行方法培训。

二、词源分析策略

这一方法主要适用于英语词汇中的一些典故词汇。在英语词汇中，有很多词汇是从典故中来的，因此其文化内涵非常丰富，很难从字面上去理解与把握，必须借助词源展开分析。无论对于中国人还是西方人来讲，在口语或者书面语中都会运用一些典故、传说等，因此对于这类词汇的教学是非常重要的。例如，man Friday这一词就是源自《鲁滨孙漂流记》，其含义并不是"男人星期五"，而是"得力的助手"；an Uncle Tom这一词汇源自《汤姆叔叔》，其含义并不是"一名汤姆叔叔"，而是指逆来顺受，宁愿承受侮辱，也不反抗的人。

第四章　句法学理论及其教学应用探索

语言学在不同的层面上对语言进行描写，这些描写显示了语言在这些层面上特有的组合规律性。例如，音位学分析和语音相关的各种现象；形态学描写的是单词的构成；而句法学涉及句子层面的组合规律性，描写语言结构及其彼此之间的关系，以及它们组合成句子或句段的规律性。句法学的任务就是分析句子或句段在语法上的正确性。了解句法理论体系的相关知识是进行句法教学的前提。

第一节　句法与句法学

句法学作为一门独立的学科而存在，尽管句法和句法学都属于从语言理论的角度对语言进行的研究，但是句法和句法学还是两个不同的概念。下面就对句法和句法学这两大概念进行深入的研究与分析。

一、句法

句法属于经验认识的理论，它是人类生活的物质和意识两方面持续辩证发展的结果。如果将语言看成是人类对经验的识解，那么句法就是经验识解的方式。句法虽然使意义的表达具有可能性，但是同时也对什么可以被意义化设定了限定。

句法在语言中具有举足轻重的作用。当谈及句法的定义，不同的学者却有不同的界定。

英国著名应用语言学家H. G. 威多森对句法的定义为，句法是一个规则系统，包括词汇变化规则和词汇造句规则。

美国路易斯安那州立大学的语言学教授尤尔（George Yule）认为，句法是一套结构体系，其分析框架包括意义、形式和用法三个方面，这三个方面是相互结合的，可以通过应用的上下文语境来解释不同的句法形式和不同的句法意义。

朗曼在《应用语言学词典》中将句法定义为，句法是对语言单位（词汇、词组等）组成句子时所遵循的方式的一种描述，这种描述往往包括了语言句子各个语言系统下的含义和功能。

北京英语系教授胡壮麟认为，句法应该被看作一个理性的动态系统而非任意规则的静态系统，这种定义更有利于在语言教学中培养学生良好的语言应用能力。

二、句法学

句法学和句法从严格意义上讲，存在着很大的区别。针对句法学的相关问题进行如下分析。

（一）句法学的概念

句法学（Syntax）来源于希腊语的syntaxis 一词，其本意为"组合、排序"。句法学是研究句子建构的学科，研究的是语言符号之间的关系。句子是句法学研究的最大单位，而单词则是最小单位。句法学研究不仅涉及描写句子的结构特征，同时还涉及描写结构特征的构成形式及规律。

（二）句法学的研究方法

语言学属经验科学，语言学研究所依赖的是观察说话者凭借大脑的语言直觉认为是合乎语法的语言事实。形式句法学家感兴趣的不是社会成员通过商量后制定的语言规约系统，而是隶属人脑的认知系统并导致语言直觉产生的I-语言。[①]因此，语言事实不被视为纯粹的社会行为，而被视为人类的心智能力，是人脑固有的语言属性和人的后天语言经验相互作用的产物。

具体说来，语言学家研究的I-语言是专司语言知识及使用的语言器官处于稳定状态时所体现的一种生成程序系统，是语言计算的规则系统。语言的生成系统与语言使用系统（含"发音—知觉的语音式"和"概念—意念的逻辑式"两种系统）接口整合，进而生成无以计数的语言表达的外在形式，即话语行为系统，被称为I-语言。具备I-语言能力的人，意味着具备了创造性地使用语言的能力。

人类的语言器官有一个初始状态，经由语言经验刺激达到稳定状态。在这一语言器官的成长过程中，儿童基于由人类物种遗传基因决定的生物禀性，从语言经验中选择了可及性I-语言。决定这种选择的规则构成了全人类共有的普遍语法。普遍语法理论是一部可以充分描述和解释人类I-语言因缘及结构的语言学理论，因而发现普遍语法原则成了语言学最具挑战性的理论问题。

基于人类生物禀性的普遍语法不属社会科学，而属自然科学，所以对

---

① 梅德明. 现代句法学[M]. 上海：上海外语教育出版社，2008.

I-语言知识系统的研究应该归属在自然科学研究范畴内，采用的研究方法通常为观察归纳法和演绎推导法，通常以演绎推导法为主。观察归纳法有助于语言学家充分描述I-语言系统，而演绎推导法却能够使语言学家充分解释I-语言系统。

通常儿童能够在很短的时间内习得十分复杂的语法系统，能够理解并创造无限量的句子，这表明人类的语言器官是以最简约的方式生成句子的。研究I-语言系统的句法理论应该以"简约"为原则，这要求句法研究的主要方法应该是演绎。句法理论的本质应该是句子推导，而不是句子描述。

（三）传统语法

传统语法以古拉丁语和古希腊语为其传统，始于古希腊和古罗马，在中世纪得到进一步的发展，盛行于18世纪末并长期统治欧洲句法研究和语言教学的语法理论。①它重书面语，轻口头语，试图以一个标准来规范语言和纯化语言，所以又被称为规定性（prescriptivism）语法。它常被学校采用，故又被称为学校语法（school grammar）。然而，从广义上讲，传统语法还包括19世纪末兴起的学术性传统语法（scholarly traditional grammar）。在由学校语法发展到学术性传统语法的过程中，传统语法也由规定主义发展为描写主义（descriptivism），并试图如实描写语言变化和语言的实际运用情况。

美国语言学家哈仕（W. Harsh）归纳道："简单地说，传统语法是按照意义和说话人的意向（如陈述、疑问、祈使、感叹等范畴）来解释句子的一种语法体系。"其基本方法是划分词类和明确句子成分的功能。

语言学家克里斯特尔（David Crystal）曾说："'传统语法'这个词，如果说还表示任何意义的话，则它是力图总结一种思想状态、一系列方法和原则，这些方法和原则多年来表现为多种组合形式和强调侧面，与思想领域的很多学派有关。它包括源于亚里士多德（Aristotle）和柏拉图（Plato）的句子结构的思想，源于斯多葛学派（Stoics）语法学家的有关词类的思想，源

---

① 楚军. 句法学[M]. 2版. 成都：电子科技大学出版社，2014.

于中世纪经院学派关于意义的实质的思想，源于17世纪唯理主义和经验主义的哲学争论的有关语言和思维关系的思想，也来自18世纪英语语法的有关英语语言正确性的思想，甚至还包括来自19世纪比较语言学的有关语言历史的思想。"

第二节　句法学的研究内容

一、句法关系

句法关系基本上是一些很简单的关系，可以分为三类：位置（positional）关系、同现（co-occurrence）关系以及可替换（substitutability）关系。

（一）位置关系

位置关系如句子的词序一样呈显性，可以被观察到；另外两种关系则呈隐性，单凭观察句子不能揭示它们，而是要通过互相比较一系列的句子序列。例如：

词汇：old, wolf, killed, man, the, an/a可能组成如下几种句子。

A wolf killed an old man.

The old man killed a wolf.

An old wolf killed the man.

但是，如果组合成下面这两句，就是逻辑不通的。

A the old man wolf killed.

Old killed man wolf the a.

显然，上面两句话仅仅是把词进行了堆砌，并未按照正确的语序进行排列，因此是不合逻辑的句子。

（二）同现关系

人们所说的同现关系是指不同词类的词允许或要求另一词类的词出现，以构成句子或句子的特定成分。因此，英语中man，horse等一类的词在短句中可以后接eat，live一类的词，而且经常是如此后接的，尽管说所有合格的句子一定都是这种类型的是荒谬的。答问句常常可以是其他类型的，许多语言中相当多的独词句就是答问句中。man，horse等一类词前可以是good，strong等一类词，也可有the和a。但是the和a如果要置于eat，breathe，live类的词语前，就要求一个man类或good类的词语共现。我们在这里立刻就可以看到成分的位置序列起了作用；the的出现既以good等或horse等为前提（the good are honoured，the horse eats），又必须出现在固定的相关位置上。如果要全部置于eats，works等前面构成一个完整的句子或作为完整句的第一部分，那么the strong horse就是三个词唯一允许的词序。下面请看图4-1。

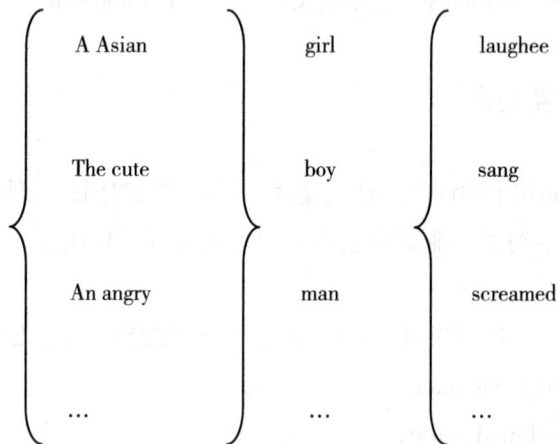

A Asian	girl	laughee
The cute	boy	sang
An angry	man	screamed
…	…	…

图4-1　同现关系示例图

（资料来源：牟杨，2009）

图4-1中前面的修饰词语与后面的动词短语之间属于一种同现关系。

（三）可替换关系

相同的句子结构在语法上有可以相互替换的词类或词的集合，但除此之外，多于一个词的词组无论它在句子中相邻还是分开，都可以作为整体在语法上被替换为一个特定词集中的一个词。在英语man lives，man wants little等句子中，词组the man可以替换man，但不能替换the；strong man可以替换the man drank it all等中的man。在yesterday he came中，came可用以替换yesterday... came，但yesterday则不能如此替换（he came是句子，但yesterday he不是）。下面请看图4-2与图4-3。

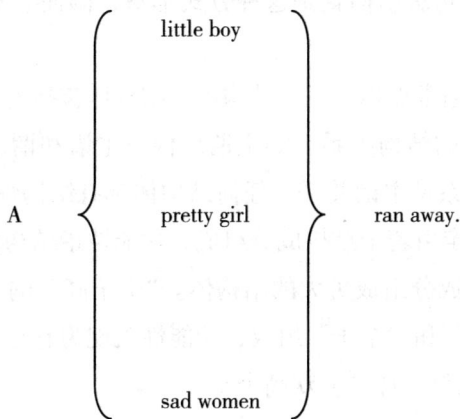

$$A \left\{ \begin{array}{c} \text{little boy} \\ \\ \text{pretty girl} \\ \\ \text{sad women} \end{array} \right\} \text{ran away.}$$

图4-2　可替换关系示例图一

（资料来源：牟杨，2009）

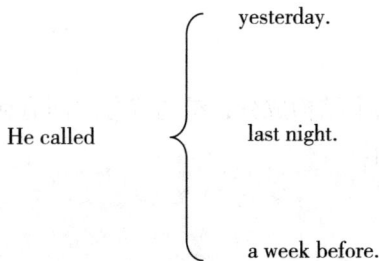

$$\text{He called} \left\{ \begin{array}{c} \text{yesterday.} \\ \\ \text{last night.} \\ \\ \text{a week before.} \end{array} \right.$$

图4-3　可替换关系示例图二

（资料来源：牟杨，2009）

二、句法结构

（一）句法结构的内涵

句法结构是指句法单位与句法单位之间相互联系、相互作用的方式。相同的句法单位按不同的方式联系起来，所形成的语言片段的意义就会不同。例如，"高个子"和"个子高"的意义不一样，就是因为前者"高"和"个子"以修饰和被修饰的方式相互联系的，后者却是以话题和陈述的方式相互联系的。句法结构就是这种方式本身，因而它只是一种抽象的关系式而已。

一个句法结构通常被称为一个结构体。结构体包括若干结构成分（又称结构项）和成分间的结构关系，如主谓结构由主语和谓语两个结构成分组成，成分之间的关系是主谓关系。任何结构体都有结构性和功能性的特点，结构性指结构体一定由若干结构成分组成；功能性指结构体也可以作为结构成分再与其他结构成分组成更大的结构体。"个子高"的结构性表现为它由两个结构成分"高"和"个子"组成，功能性表现为它还能作为结构成分与"喜欢"组成更大的结构体"喜欢高个子"。

（二）句法结构的分类

基本的句法结构类型有如下几种。

1.主谓结构

它有主语和谓语两个结构成分，结构成分之间有话题与陈述的关系，所以又叫陈述结构。例如：

He slept.

他睡了。

2.述宾结构

这种结构有述语和宾语两个结构成分，成分之间有支配和被支配的关系，所以又称支配结构。例如：

To repair the car.

修理汽车。

一个述语有时还可以带两个宾语，这样一个述宾结构就有三个结构成分了。例如：

Gave me some pictures.

给我一些照片。

3.偏正结构

它有偏与正两个结构成分。正的部分叫中心语，当中心语由名词充当时，偏的部分叫定语。例如：

red flag 红旗

当中心语由动词、形容词充当时，正的部分叫中心语，偏的部分叫状语。例如：

come again 再来

4.述补结构

述补结构由述语、补语两个结构成分。成分之间有补充说明和被补充说明的关系，补语出现在述语的后边，带有补充修饰的意味。例如：

They painted the house a hideous shade of green.

他们把房子漆成了可怕的绿色。

5.联合结构

联合结构有两个或两个以上的结构成分，成分之间有并列在一起的关系，所以又叫并列结构。联合结构无论有多少个结构成分，整个结构的语法功能等同于其中一个成分的功能。例如：

boys and girls 男孩和女孩

（三）句法结构的案例解析

句法规则决定句子的语序是否正确。我们知道英语的冠词如the或a位于名词如animal（动物）之前，而句子则不只是将单词像串珠珠似的前后相连而已。例如：

The child found the puppy.

孩子找到了小狗。

这个句子由两个主要的词组构成，或称组成成分：

The child   found the puppy

（孩子）   （找到了小狗）

与句子的"主语"和"谓语"相对应。这些词组可以进一步切分直到原句成分像下面4-4所示的那样。

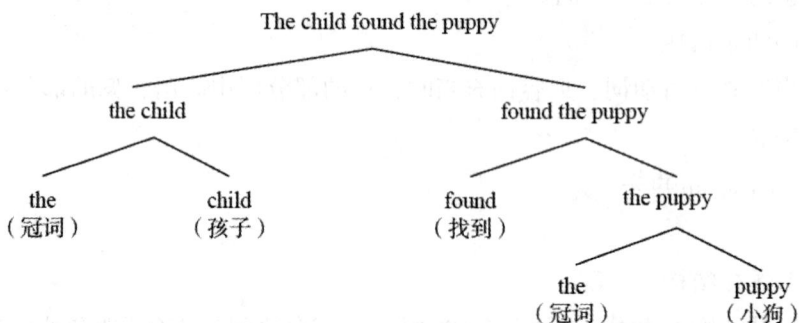

图4-4 "The child found the puppy."的结构树[①]

这样的图解叫作成分结构树，这是一棵倒长的"树"，"根"在上，"叶"在下，在树的"分枝"处的每一节点上，有一组词形成句子的一个部分或称结构成分，树的底部是单个的词或语素。除了揭示线性次序，成分结构树还具有层次结构。这一术语的意思是，组成结构成分的词组或小词组由它们在

---

① 维多利亚·弗罗姆金，罗伯特·罗德曼.语言导论[M].沈家煊，周晓康，朱晓农，蔡文兰译.北京：北京语言学院出版社，1994.

树上所出现的层次来表示。

　　这一图解表明found the puppy这一短语自然地分为found和the puppy两个部分。不同的切分，如found the和puppy则构成"不自然"的词组，因而就不是组成成分。请注意，对于"What did you find?"（你找到了什么？）的回答可以是the puppy，但没有一种潜在问句的回答可以是found the。这一测试表明the puppy是一个结构成分，而found the则不是。

　　synthetic buffalo hides这一短语具有两种可能的成分结构树，每一株树表示一种可能的意义，因此成分结构能清楚地解释为什么该短语是歧义的，如图4-5所示。

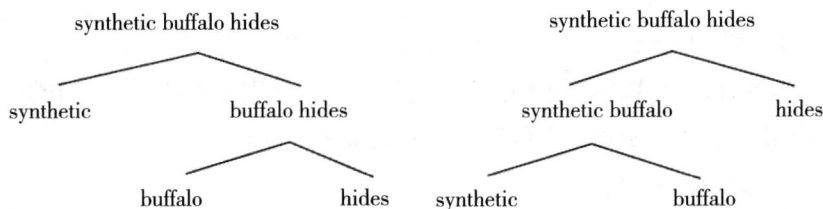

图4-5　Synthetic buffalo hides的两种结构树

　　所有语言中的句子都可以用成分结构树来表达，所有语言都由句法规则决定词的线性次序及其层次结构，即词如何组合成结构成分。

　　句子的成分结构还揭示出哪些成分可以互相替换，而不改变句子的合语法性，如组成成分the child和the puppy在图4-4中可以互相替换，如图4-6所示。

　　可以互相替换而不改变合语法性的组成成分属于同一句法范畴，the child和the puppy同属于名词词组（NP）这一句法范畴。名词短语很容易辨认，因为它们能在句子中作"主语"或"宾语"，也只有名词短语可以作主语和宾语，名词短语一般包括一个名词或代词。句法知识的一部分就是知道语言中的句法范畴，知道什么是名词短语，即便以前从未听说过这一术语。

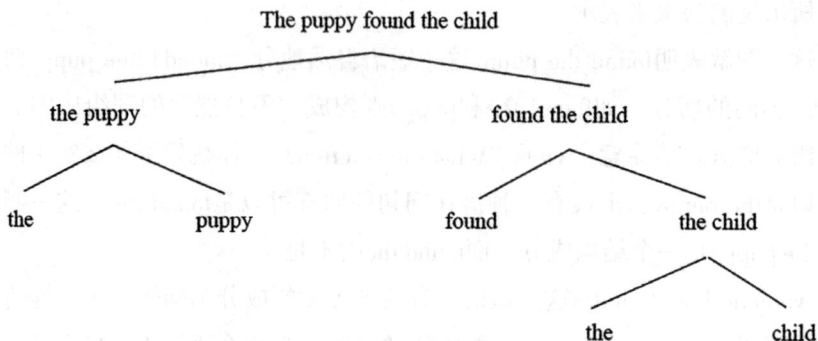

图4-6　"The puppy found the child."的结构树

用"Who found _____?（谁找到了？）"和"_____ was lost.（_____ 丢失了。）"这样的格式将名词短语插入空位，就能辨别下面的表达式中哪些是名词短语了，你"觉得对"的那些成分就是名词短语。

（1）a bird 一只鸟

（2）the red banjo 红的班卓琴

（3）have a nice day 过得愉快

（4）with a balloon 带一个气球

（5）the woman who was laughing 在笑的女人

（6）it 它

（7）John 约翰

（8）run 跑

其中，可以把（1）（2）（5）（6）（7）看作名词短语。

还有些其他的句法范畴。found the puppy这一短语是动词短语（VP），动词短语总是包含一个动词，后面可以跟随其他成分，如名词短语。一种句法范畴可能包含其他句法范畴。可以用"The child _____."这一框架来确定下面这些句子中哪些是动词短语。

（1）saw a duck 看见一只鸭子

（2）a bird 一只鸟

（3）slept 睡觉了

（4）smart 伶俐的

（5）is smart 是伶俐的

（6）found the cake 找到了那块饼

（7）found the cake in the cupboard 在碗柜里找到了那块饼

其中，（1）（3）（5）（6）和（7）是动词短语。

三、句法功能

（一）句法规则的递归性

依据短语结构规则理论，句子的组合规则十分有限，基本规则如（1）所示。

(1) a. S → NP VP

b. NP → (Det) (Adj) N (PP) (S)

c. VP → V (NP) (PP) (S)

d. AP → A (PP) (S)

e. PP → P NP

例（1）提供的短语结构规则可以产生各类句式。如果我们稍加仔细观察一下例（1）的模型，便可以发现这种组合规则不仅可以生成数量无限的句子，而且还可以生成长度无限的句子。从理论上讲，这些短语结构规则具有无限递归性或无限循环性，即各种短语和句子能够循环组合起来，生成的句子也可以长度无限。例如，例（1a）可以包含例（1b–e），例（1b）可以包含例（1a）和例（1e），例（1c）可以包含例（1a、1b和le），例（1d）可以包含例（1a）和例（1e），例（1e）可以包含例（1b）。我们可以从这种"你中有我，我中有你"的循环组合模型中得出这么一种结论：语言的句法规则是有限的，而生成句子的数量却是无限的，句子的长度也可以是无限的。这种有限与无限的关系还可以通过例（2）和例（3）中的语言事实来表明：

(2) a. [I love syntax]

　　b. [You know [that I love syntax]]

　　c. [Everyone knows [that you know [that I love syntax]]]

　　d. [... [that everyone knows [that you know [that I love syntax]]]]

(3) a. [The little girl saw the man with a telescope]

　　b. [The little girl saw the man with the telescope [which was purchased at a new shop]]

　　c. [The little girl saw the man with the telescope [which was purchased at the new shop [whose owner was a good friend of the little girl]]]

　　d. [The little girl saw the man with the telescope [which was purchased at the new shop [whose owner was a good friend of the little girl [...]]]]

　　例（2a）和例（3a）的两个基本句子在例（2b）和例（3b）的句子中得到延长，而且可以朝两个不同的方向延长，在例（2c）和例（3c）中再一次得到了延长。句子的递归性不仅可以体现为两头延长，而且还具有内嵌句中、中部膨胀、无限扩张的特点。

(4) a. [The man left school without explanation]

　　b. [The man [who registered as a graduate student] left school without explanation]

　　c. [The man [who registered as a graduate student] [of medium height] left school without explanation]

　　d. [The man [who registered as a graduate student] [of medium height] [wearing gold-rimmed spectacles] left school without explanation]

　　e. [The man [who registered as a graduate student] [of medium height] [wearing gold-rimmed spectacles] [with a scar on the cheek] left school without explanation]

f. The man [who registered as a graduate student] [of medium height] [wearing gold-rimmed spectacles] [with a scar on the cheek] [...] left school without explanation]

从理论上看，例（2）、例（3）和例（4）的3类句子还可以继续延长，如例（2d）、例（3d）和例（4f）所示，直至永远。自然语言的这种递归特质耐人寻味。

（二）句法结构的自治性

从本质上看，语言的句法规则不取决于社会规约功能，而在于自身的结构依赖体系，这就是句法的结构自治性或独立性。

我们从自然语言的句子表现中发现，任何语言的句子成分都不是"词加词"的机械组合，不是"词叠词"的线性排列，而是通过一些大于词的"短语结构"组合而构成的一种层级结构。换言之，句子的结构成分不是词，合乎语法的句子是依赖"短语结构"的层级关系而构成的。

（5）a. He is friendly.

b. Is he friendly?

从表面上看，例（5b）中疑问句的形成是由于例（5a）中陈述句的第二个词is移位至句首而导致的。这一结论似乎得到了例（6）的印证。

（6）a. He is handsome.

b. Is he handsome?

但是例（7）却无情地否定了上述结论。

（7）a. The young man is friendly.

b. Young the man is friendly.

c. Is the young man friendly?

导致合乎语法的例（7c）不是移动了第二个词young，而是第四个词is。这一结论得到了例（8）的支持：

（8）a. The young man is handsome.

b. Young the man is handsome.

　　　　c. Is the young man handsome?

　　但是这种结论仍然是基于机械的线性排列而得出的，刻意按照词在句子中的线性排序来移动某个词是得不到合乎语法的疑问句的。以上例句以及例（9）和例（10）表明：在英语一般疑问句中，所移动的句子成分不是某个固定序列词，也不是任何一个谓词，而是主句中的谓词：

　　（9）a. The young man who is friendly is handsome.

　　　　b. Is the young man who is friendly handsome?

　　　　c. Is the young man who friendly is handsome?

　　（10）a. The young man is a student who is obsessed with the syntactic study of language.

　　　　b. Is the young man a student who is obsessed with the syntactic study of language?

　　　　c. Is the young man is a student who obsessed with the syntactic study of language?

　　这种句法结构的自治性既不受其他任何认知系统的制约，也独立于语言使用的社会规约。

（三）句法的心理现实性

　　内化语言的句法规则不是一种任意编排的结构系统，而是具有心理上的现实性或真实性，即必须合乎人的语言直觉。句子不可以任意分割，如例（11）。

　　（11）John likes Chinese food.

　　例（11）中的句子不可以随意分割为四个等同部分，如例（12a），或三个部分，如例（12b），或两个部分，如例（12c）。

　　（12）a. John/likes/Chinese/food.

　　　　b. John likes/Chinese/food.

　　　　c. John likes/Chinese food.

　　例（12）中三个句子的分割方式都不合乎人的语言直觉，在说话者和听话者的心理上并不真实。具有心理现实性的结构应该是例（13）所体现的句子层次分明的成分结构。

（13）[John [likes [Chinese food]]]

有时我们在说话时会省略某些成分，甚至是重要的句子成分，如我们在说汉语时有时会省略主语。

（14）a：（他）走了吗?

　　　b：（他）走了。

　　　a：（他）独自走的?

　　　b：不，（他们）一起走的。

表面看来，例（14）的对话缺省了主语，但我们凭借直觉明白句子的主语是存在的，尤其是带有"独自"和"一起"词语的两个句子，这些词语充分说明句子具有心理现实性的主语成分。又如：

（15）a. I asked her to do it herself.

　　　b. I asked to do it myself.

　　　c. *I asked her to do it myself.

（16）a. I promised her to do it myself.

　　　b. * I promised her to do it herself.

在上述例句中，所有动词不定式的主语都未显现，但是句子中herself和myself却暗示着空语位置上的心理主语。例（15a-b）和例（16a）之所以合乎语法是因为暗指的动词不定式主语具有心理现实性，而例（15c）和例（16b）违背了人的语言直觉，不具备心理现实性，因而是误句。再如：

（17）a. Mary asked John to hurt himself/* herself.

　　　b. * Peter asked John to hurt themselves.

（18）a. * John did it together.

　　　b. They did it together.

（19）a. John did it alone.

　　　b. They did it alone.

上述例句中的误句都不具备心理上的现实性，同时也违背了普遍语法的约束原则。我们再来看两个句子：

（20）To be or not to be，that. is a question.

（21）Visiting professors can be interesting.

例（20）中的that是句子的形式主语，而心理上的真实主语却是小句to be or not to be。小句自身包含了两个类似句子的动词不定式，每个动词不定式都含有一个论元结构，但是论元结构中的主语论元和补语论元却未显现。句子成分形式上的缺位并不能说明心理上命题概念的缺位，说话者和听话者都心知肚明，to be or not to be的主位和系表位在心理概念上是占位的。例（21）中的句子可以有以下两种解读。

（22）a.登门拜访教授是一件很有趣的事。

　　　b.来访的教授们是一些很风趣的人。

如果我们将例（21）句子中的助动词can删除，将be改写成is或are，我们便可以得到两个意义明确的句子，如例（23）。

（23）a. Visiting professors is interesting.

　　　b. Visiting professors are interesting.

以上分析表明，句子具有表层结构和深层结构，表层结构上意义模棱两可的句子，在深层结构上必然有着不同的展现。语言的深层结构构成了我们的心理语法，凡是在深层结构层次上明确无误的句子都具有心理现实性，从而确保表层句子的不同意义都能得到正确解读。

第三节　句法学理论在英语教学中的应用分析

一、文化对比策略

文化对于语法教学影响深远，因此教师可以采用文化对比的方法展开教学，让学生不断对各种语言语法的差异有所熟悉，培养他们的跨文化交际意识与能力。

众所周知，我国学生是在母语环境下来学习的，因此不知不觉地会形成母语思维方式，这对于语言学习而言是非常不利的，甚至在组织语言时也掺加了汉语的成分。基于这样的情境，英语教师就需要从学生的学习规律出发展开对比教学，使学生不断认识到英汉语法的差异，这样便能在发挥汉语学习正迁移的前提下，使学生掌握具体的英语语法知识。

二、三维教学策略

在具体教学过程中，英语教师都倾向于两种教学方法，一种是注重语言形式或语言分析的教学方法，另一种是注重语言运用的教学方法。这两种方法各有侧重，但实践证明，将两种方法结合起来才会更加有效。从交际角度来说，语法不仅是各种形式的集合，语法结构也不仅有句法的形式，也可以运用具体的语言环境来表达语义，可以将这三个方面表述为形式、意义和用法。美国语法专家拉森·弗里曼（Larsen Freeman，1995）提出了基于Form，Meaning，Use三个维度上的三维教学法，将语言的形式意义和用法有机结合起来。其具体模式如图4-7所示。

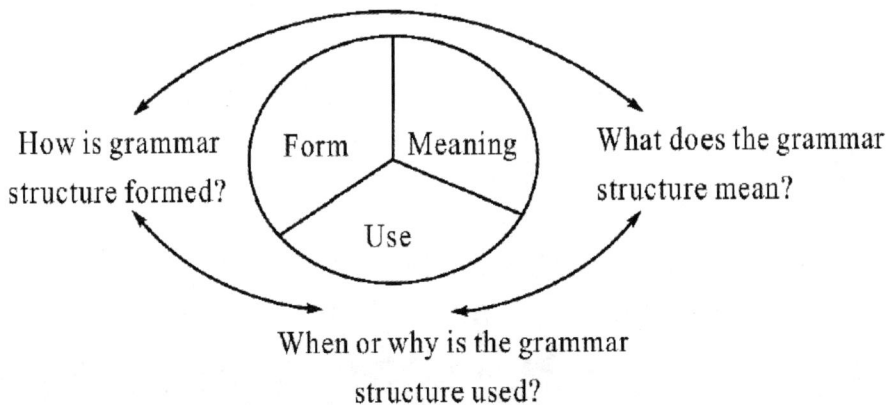

图4-7 三维语法教学观

（资料来源：邓道宣、江世勇，2018）

　　三维教学法的实施包含五个步骤：热身运动、发现语法、学习形式、理解意义、应用语法。

　　热身运动是对上一课堂要点的复习，然后通过一些参与性活动，如听歌、表演、竞赛等形式，让学生对新的内容有所了解，调动学生的背景知识，激发学生的求知欲望。

　　发现语法是指学生通过教师讲解和引导来感知和发现语法现象。

　　学习形式是指学生在发现语法的基础上，以语法结构的形式总结出语法规则。在课堂教学中，这部分内容表现为回归课文阅读文章，通过阅读文章找出类似的形式和结构。这一阶段过后，学生能够为下一步理解、操练规则做好准备。

　　理解意义是指设计以意义理解为主的活动，从而促进学生对语法项目的理解，为语法的应用奠定基础。

　　应用语法是指教师为帮助学生掌握语法规则、提高其语法应用能力所设计的篇意识强、交际性好、能够促进思维发展的活动或任务。

　　在具体的教学过程中，教师可以根据具体的教学情况对上述几个步骤进行调整。

第五章　语义学理论及其教学应用探索

语义学是语言学的一个重要分支，其主要研究的是某一语言所呈现的一些语义现象，并且对这些现象展开分析、研究与描述。语义这一现象是非常复杂的，并且涉及非常广泛的理论。本章就基于语义学理论，探究这一理论指导下的英语教学策略。

第一节　语义与语义学

一、语义

（一）什么是语义

语义是语言的意义，是语言的内容，是语言通过具体的语音形式所表达的意义。语言学上通常将其分为三个类别：词汇意义、语法意义、语用意义。

词汇意义指词语所具有的概念意义。人类的大脑通过对客观事物的概括与抽象而形成概念，并用一定的语音形式表达这些概念。词汇意义是语言单位的理性意义。语音即语言的声音，是语言的物质外壳，语言必须借助声音才能表达。词汇意义是以概念为基础的，概念是客观现象本质特征的概括反映。

语法意义指词语和语句因语法关系而具有的意义。它包括语法单位的意义，如数、性、格；语法功能的意义，如主语、谓语、宾语等；句法结构意义，如陈述句、疑问句、否定句等。比如，汉语"诗人的灵魂"中语法成分"的"具有表示领属关系的意义。再如，英语中flowers（花，复数）中的词尾这一语法成分具有表示名词复数的意义。语法意义总是通过一定的语法形式表现出来的，它是同一类词或同一类结构所共有的。

语用意义是指语言在特定语言环境中所呈现的意义。它随着语言环境的改变而改变，因此具有不确定性。它受制于诸如篇章结构、言听者、言说者、言说场景、社会环境、文化背景等诸多因素。所谓语义受制于语境，主要表现在三个方面。

第一语境对语义具有显示功能。它排除歧义，消除含糊，确定所指，完善省略意义。

第二语境对语义具有延伸作用。它赋予言外之意，产生相反意义，创造语境歧义，引发联想意义。

第三语境对语义具有取舍功能。它舍去原始意义，采用俗成意义。

对"语义"的认识有三种基本的途径。

第一，词语与事物的联系。词语是用来指称或命名事物的。但是，这样的认识遭遇相当多的例外。比如，我们没有办法解释名词"一致""传统"，动词"想象""认识"，形容词"容易""受欢迎的"等词的含义。此外，词语意义，即符号受指具有任意性。符号施指一方是分级的、范畴化的、制度化的，而客观对象，即符号受指一方总是错综复杂的整体，常常是以不完全清晰的状态存在的，那么用以指称这些客观对象的概念必然有可能是任意的。所以，语言的本质决定了语言符号的任意性。以人的一生为例，它是一个不间断的发展过程，但是语言符号提供了人生阶段性的概念，如幼年、童年、少年、青年、壮年、老年等。人的一生的确可以划分为不同的阶段，但是这些阶段之间原本没有清晰的界线，在少年和青年之间、壮年和老年之间，我们无从划定分水岭。词汇意义的任意性不仅存在于音响形象与概念之间，而且单方面地延伸到符号受指，又反过来影响到符号施指与符号受指结合体的横向组合或线性语符列。如果我们对不同语言的词语进行同类比较，任意性则更为突出。比如，汉语有wuding（屋顶）和tianhuaban（天花板）之分，英语也有roof和ceiling之分，而西班牙语则只用techo来指称这两种客观存在。但是，西班牙语区分rincon（内部角落）和esquina（外部角落），而汉语和英语都只有一个词语，分别是jiaoluo和corner。在"村庄"和"镇"之间，西班牙语中有一个词语pueblo，表示"大村庄"或"小城镇"，汉语和英语都没有相应的词语。英语中的river在法语中有两个相应的词语fleuve和riviere，通常，前者流入大海，后者流入其他的河流。汉语有"江""河"之分，但似乎不是以是否入海或长短、大小为标准来命名的。例如，"长江"和"黄河"都是入海的，而"富春江"远没有"黄河"长，"秦淮河"则比"富春江"更小。因此，在符号施指与符号受指，即词语和客观事物之间实际上存在着不完全对应性。

第二，词语借助概念与事物发生联系。在词语和事物之间没有也不可能有直接的联系，只有通过思想，才能够实现词语与事物之间的联系。每一个词语都有一个相关联的概念。著名的系统化阐述来自奥格登和里查兹的《意义的意义》。根据奥格登和里查兹提出的语义三角关系，语义可以被解释成下面三个要素的关系：一是被指称的事物或概念，即符号受指（referent）；二是用来指称该事物或概念的符号或名称，即符号施指（symbol）；三是大脑中所产生的该事物的形象或该概念的意义（thought）。图5-1便是著名的语义符号三角图。这种认识途径的最大障碍来自对"概念"的界定，即便是对具象的事物，我们似乎也难以形成确定的"概念"。

第三，刺激是词语与反应的根本动力。美国语言学家布龙菲尔德引进行为主义的观点，在《语言》中提出：意义是可以从语境研究中单独推演出来的。刺激（S）导致人们言说（r），反应（R）则是言说刺激（s）的结果。图5-2是布隆菲尔德提供的语义过程。

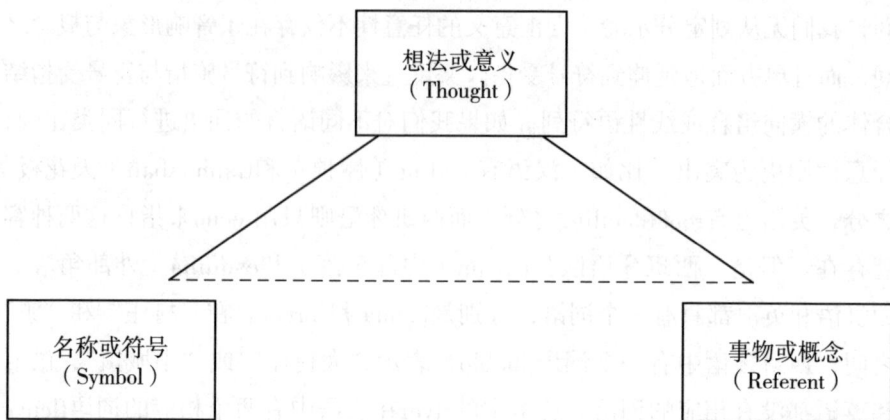

图5-1　语义符号三角图[①]

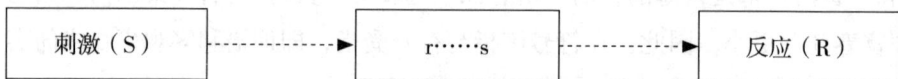

图5-2　布龙菲尔德提供的语义过程[②]

但是，要界定"刺激"是相当困难的，而更大的困难则在于人们并不总是在按照预定的方式言说。

总而言之，本书认为语义是语言的要素。从语言的本质上说，语言是语音语义结合的符号系统，语音和语义是语言不可或缺的两个方面。不同学科的学者从不同的角度给语义下过定义，由于这些定义来自不同学科，体现着不同学科对意义理解的差异。同是语言学家甚至是专门研究语义的语言学家所理解的意义也是千差万别的，奥格登与理查兹（Ogden & Richards）的名著《意义的意义》（*Meaning of Meaning*）就列举了22种不同的定义。

要认识语言的意义，应该具备两条基本的原则。

一是不能脱离语言本身，离开语言本身去探索语言现象的解释，就像从没有门窗的房子中寻找出口一样徒劳无益。

① 裴文.普通语言学[M].广州：广东教育出版社，2006.

② 同上.

二是把语言研究这一任务看作是对说本族语的人的语言能力的说明，也就是说，如果一个人要"懂得"某种语言，他的思维器官必须具有能提供那种语言的规则和结构的能力。

（二）语义的分类

传统语言学把意义分为词汇意义和语法意义。语法意义是语言单位的关系意义，词汇意义包括理性意义和附加意义（如感情、风格、形象、语体色彩等）。理性意义是词义的核心，实词可以没有附加意义，却不能没有理性意义。词的理性意义既与相应的概念有关，也与它在词汇体系中的地位即与其他词的各种联系有关。

一般来说，实词表示词汇意义，虚词表示语法意义。人类语言还存在实词虚化（语法化）现象，即一些虚词是从实词分化演变而来的，比如汉语的一些介词是从动词逐渐虚化而来的。实词虚化有一个过程，如果这一过程还未结束，就不一定表纯粹的语法意义，如汉语的部分介词，一些汉语语法书将其称作"副动词"或"次动词"。突厥语族语言的后置词从实词分化而来，有些已完全虚化，只表语法意义；有些处于半实半虚的过渡状态，除表语法意义，还保留一定的词汇意义，有时还可用作实词。①

典型的词汇意义和典型的语法意义主要有两点区别：一是典型的词汇意义具有事物的对应性，语法意义则没有这种对应性；二是典型的语法意义具有组织语言成分的作用，词汇意义则没有这种作用。

这里所说的"事物"是广义的，除典型"事物"外，还包括行为、动作、性质、状态等，既指具体事物，也指抽象事物。汉语的"山、走、快、音乐、道德、提取"都有一定的事物对应性，甚至"零、无、虚假、想象"等也与某种状态、心理活动相对应。这类语义是词汇意义。"的"用在动词性、形容词性或名词性词语后，组成名词性"的"字结构。这里的"的"不与任何事物对应，只表语法意义。"因果"和"因为……所以"，前者指客观

---

① 马学良，瞿霭堂.普通语言学[M].北京：中央民族大学出版社，1997.

事物原因和结果的关系；后者表它们所联系的词语内容一个是因，一个是果。二者的语义性质不同，前者是词汇意义，后者是语法意义。语法意义是语法学的研究对象，传统语义学重点研究词汇意义。

（三）语义的性质

1.语义的客观性

语言参与人们对客观世界认识活动的全过程，并记录认识活动的成果。因此，作为语言的重要组成部分，语义的存在和表达具有客观依据，不是语言使用者凭空想象的。

语义依据客观事物形成，是概念的反映。概念有内涵和外延。例如，"书"的概念内涵是"作品、印刷品、纸页构成、装订成册、印有语篇"；外延是"书"指称的所有对象，如"中文书、外文书、精装书、简装书、大开本书、小开本书、普通读物、学术著作"等。概念的内涵和外延呈反比关系，内涵越大，外延越小，反之亦然。"书"的内涵比"教科书"小，因为"教科书"除具有"书"的全部属性，还有教科书本身的一些特有属性。"书"的外延比"教科书"大，它包括"教科书"。

人们在生产、生活实践中认识事物，把握事物的本质属性，逐渐形成概念。有了概念，再用一定的语音形式表达出来，就形成了语义。

语义反映和表达概念，而概念的依据又是客观现实，但不能在语义和客观事物之间划等号。因为人们对客观事物的概括反映是复杂的，其中包括一些幻想成分。客观世界并不存在"上帝、妖怪、鬼神、仙女"等事物，人类语言却普遍存在反映这类事物的词语。在科学不发达的时代，人们遇到不可克服的困难或无法解释的问题时，会依据一定的现实，通过幻想对客观现实做出虚假反映。由于上述原因，语言中就会存在与客观事物或客观世界不相符的词语和意义。随着人们认识水平的提高，表达这类意义的词语并不一定消失，而是在保留原词语的基础上，赋予它们新的意义。换言之，人们利用原来的形式表示新义时，有些会产生转义，有些则

会作为比喻义继续被使用。^①

2.语义的概括性和具体性

语义不是对具体事物的直观描述，而是对同类事物的抽象概括。客观事物的类聚层次不同，语义的概括程度就会有高低。与此同时，语义又是具体的，没有具体的语义就没有抽象的语义。在交际过程中，无论口语还是书面语，均受语言环境和上下文制约，每个词都有所指，它们的意义都是具体的。

3.语义的共性和特性

语义与思维密切相关，全人类的思维具有共性，因此语义也具有全人类共性。与此同时，语言总是与特定社会文化、历史传统相联系，不同语言使用者受不同社会文化、历史传统影响，认识事物的角度和方式都会有差异，因此语义又具有具体语言的特性。

4.语义的稳固性和可变性

语义具有稳固性，汉语的许多词所表示的概念延续几千年，没有产生本质变化，意义非常稳固；语义还具有可变性，时代不同，概念的内涵和外延就有可能不同，词义也会发生变化。语义的稳固性是相对的，可变性是必然的。如果语言单位（包括语义）随时处在变化状态，必然影响交际；如果语言单位（包括语义）总是一成不变，就不能适应交际的需要。

5.语义的精确性和模糊性

语义既具有精确性，也具有模糊性。专业用语的意义一般都很精确，而且要求越精确越好；一般词语尤其是常用词语，其意义往往是模糊的。

语义的模糊性指语义反映的对象边界不清。语义虽具有抽象性，但有些词的意义所概括的范围并无明确界限。表示模糊概念的词是模糊词，其意义

---

① 马学良，瞿霭堂.普通语言学[M].北京：中央民族大学出版社，1997.

具有模糊性，人类语言均存在模糊词和模糊语义。当然，词义的核心内涵是清楚的，否则红黄不分，黑白颠倒，难以达到交际的目的，甚至无法交际。

正因语义具有模糊性，人们才能根据交际的需要，在不同场合和情景中，灵活自如地选择词语、表达思想。语义模糊性的特点使语言的表达更具弹性，更有生气，从而更方便、灵活地为其使用者服务，作家才能创作出脍炙人口、各具特色的作品。正因语义具有精确性，尽管许多词语词义模糊，科学工作者仍能准确、精细地描述事物、表达思想。该模糊的时候不模糊，该精确的时候不精确，就会影响交际，影响思想的表达。

此外，语义还具有系统性。语言本身是一个相对严密的体系，具有系统性，作为语言重要组成部分的语义，自然也具有系统性。语义的系统性表现在语义关系的方方面面。

二、语义学

语义学是研究语言意义的科学。无论中外，语义学的历史都可以分为前语义学、传统语义学、现代语义学三个时期。

（一）前语义学

前语义学，可以称为"训诂学"。那时的训诂学是传统语文学的一部分。训诂学研究的目的主要是解读经典，在中国主要是为解释以儒家经典为主的古代文献服务的，在西方主要是为翻译和解释《圣经》服务的，因而语义学没有独立的地位，是经学的附属。从内容来看，训诂学主要是研究古代典籍中的词义和句义。中国古代的训诂学十分发达，古人已经创立了直接从意义入手的"义训"，通过分析字形来解释词义的"形训"，通过分析声音来探求语源的"声训"等研究方法来解释词义，也创立了分析句义和段落篇章的"章句"。当时，由于语言学没有独立的地位，语义学也没有独立的地位，语义学的术语没有产生，因而称为前语义学时期。

（二）传统语义学

就整个世界范围看，传统语义学演变为语言学是在19世纪。语言学的地位确立以后，语言研究不再只是解释古代典籍中的风俗、习惯、制度等的工具，而是有自己独特的研究理论与方法的科学体系。随着语言研究领域的不断扩大，语义的研究成了语言学的分支——词汇学的重要内容。1825年，雷西格初步建立了具有研究意义的学科semasiologic——义符学或语义学，研究词义及其历史演变。

1893年，法国语言学家布那阿尔（Michel Bral）首先使用了语义学这个术语，并于1897年出版了第一部专著《语义学探索》，这部著作使布那阿尔成了著名的传统语义学家。以后又经过胡塞尔、梅耶等学者的奠定性研究，传统语义学成了语言学的一门分支学科。

从附属的训诂学发展到独立的传统语义学是一次质的飞跃。传统语义学以词义为研究的中心，研究领域主要有：词源，词的理据，词义的变化和演变，词义的类聚——多义词、同义词、反义词、同音异义词，词的中心义和色彩附属义，词义和概念的关系，词义、语音和客观事物三者的关系，词语的解释及教学，词语翻译，词典编纂等。现在语义学虽然已经进入了现代语义学阶段，传统语义学仍然在许多方面发挥着它的作用，仍然有它存在的价值。

（三）现代语义学

现代语义学并不是一个统一的理论学科，它的流派众多，影响较大的有以下一些理论模式。

20世纪初，欧洲的一些语言学家利用索绪尔的结构主义理论和方法研究语义，使语义研究出现了新的面貌。德国语言学家特里尔（J. Trier）提出了语义场（semantic field）的理论框架，把语言的意义作为一个系统看待，从而开始了语义系统的研究，在欧洲逐渐形成了结构语义学。

20世纪60年代初，经过修改的转换生成理论认为，除了作为基础的语法部分之外，还应该包括语音部分和语义部分，语法部分具有"生成性"，语义部分具有"解释性",但不具有"生成性"。语义部分的语义规则对句子的深层结构做出语义解释。解释语义学运用一些符号和规则对语义进行形式化的描写,检验句子各个组成部分是否搭配,意义是否站得住脚,同时也解释一些歧义现象,从而得出句子的意义。生成语义学派认为,语法和语义是不可截然分开的,语义是基础,也有生成性,主张通过一次转换就直接产生句子的语音形式。

现代语义学派的兴起说明语言学家们逐渐注重语义问题,克服了结构主义乃至转换生成语法排斥语义的严重局限。现代语义学派的流派众多,理论模式多样,使语义的研究呈现出生机勃勃的繁荣景象,这对语义学乃至整个语言学的发展会起到不断的促进作用。现代语义学派的语义场理论和义素分析法对一些语言现象的解释力是比较强的。现代语义学也存在着许多不足。这表现在对具体的语言材料的分析不够全面、应用方面比较狭窄等。

第二节　语义学的研究内容

一、语义的单位——义素

语义是由不同意义单位组成的系统。传统语义学注重词义研究,现代语义学不仅研究词义,还研究比词义更小或更大的语义单位。在这种情况下,以传统的词义作为语义分析的基本单位有诸多不便。传统语义学的"义项"指词的不同意义单位,是比词义更小的意义单位。用"义项"表示语义基本单位,虽便于理解,但受词典编纂的制约,因此现代语义学将"义位"作为语义的基本单位。

义位由一束或一组义素即语义成分构成,像音位由一束或一组区别特征构成一样。义素是义位的组成部分,是进一步分解义位得到的。也就是说,义位是语义最基本的单位，义素是构成语义的最小单位，是进一步分析义位的结果。

（一）义素分析

义素是结构主义语言学描述词语意义的最小组成部分。义素分"理性义素"和"附加义素"。"理性义素"指与概念相关的义素，可以通过字典直接查到。"附加义素"指除了理性义素外能被人们体会到的，或者是可以通过具体的语言环境产生的义素。义素分析又称为语义成分分析，主要指将词语的义项分析成一系列义素的组合。

（二）义素分析的特点

义素分析具有以下几方面优点。第一，传统语义学对语义主要通过整体概括的方式进行解释，这样解释出来的意思比较抽象。而通过义素分析来解释语义，能深入分析词的微观结构，使意思更加具体、清晰。第二，义素分析对词义、词义的分析等方面的描述更加贴合现实，方便人们的操作，最后用数学的形式呈现分析结果，提高了义素研究的科学性。[①]

（三）义素分析的步骤

1.提取共同义素

比较一组意义上具有某种或某些共性的词，提取共同语义特征即义素。例如，"男人、女人、男孩、女孩"是一组语义上有联系的词，"男人"和"女人"的共同语义特征是[+成年]；"男人"和"男孩"的共同语义特征是[+男性]；"女人"和"女孩"的共同语义特征是[+女性]；"男孩"和"女孩"的

---

① 哈力木拉提·阿不都热依木.义素分析与语言教学关系探析[J].兰州教育学院学报，2014，30（07）：
98-99.

共同语义特征是[+年幼]。比较四个词，可提取出共同义素[+人]。这样就可以描写每个词的意义，并依据语义特征的异同观察其语义结构。

男人[+人+男性+成年]

女人[+人+女性+成年]

男孩[+人+男性+年幼]

女孩[+人+女性+年幼]

比较意义相关的一组词，提取共同义素，这是义素分析的第一步。

2.简化义素

依据对立关系可将词的意义分割成最小对立成分，描写语义的相互关系。例如，"男性"的对立面是"女性"，[-男性]就是"女性"；"成年"的对立面是"年幼"，用[-成年]表示。采用这种方式可节省义素符号，简化语义结构。按提取共同义素的方法可得出上述四个词的五个义素，利用义素间的对立关系可简化为三个：[±人]、[±男性]、[±成年]。简化义素后，可将四个词的意义特征描写如下。

男人[+人+男性+成年]

女人[+人−男性+成年]

男孩[+人+男性−成年]

女孩[+人−男性−成年]

除采用"±"表示有无某个义素，常用的义素特征符号还有："＞"表示"长辈"，"＜"表示"晚辈"，"＝"表示"同辈"，"→"表示"生"，"←"表示"被生"等。此外，还可用x、y等字母表示义素分析涉及的变项，如"杀"和"自杀"均可析出[致使]和[死]两个义素，前者是"某人使他人死"，后者是"某人使自己死"，它们的义素结构式分别为"杀：[致使] x [死] y（x致使y死亡）、自杀：[致使] x [死] x（x致使x死亡）"。

（四）义素分析的价值

1.方便简洁地释义

不同义位包含共同的义素，义素数量比词义数量少得多，义素分析法可用少量义素精确描写一组词的意义。现代汉语有30多个亲属关系词，构成这些词义的义素只有几个，即性别、长幼、辈分、直系、旁系等。义素分析法便于比较词与词的理性意义和附加意义（色彩及语法意义）的异同。这些都是传统语义学用简单枚举法难以做到的。

2.释义形式化

义素分析法采用二元对立描写方法，有助于计算机的语义输入。比如，可用字母代码或数字代码描写义素（ABC 为字母代码，012为数字代码）：代码转译：父亲[+直系亲属+男性+长辈]，以此类推。

3.明确界定词义关系

义素分析法可明确界定词义关系。同义词是一定语义单位中义素全部或基本重合的词，如汉语"头"和"脑袋"概念意义的义素相同，附加义素有别；"看"和"看见"的共同义素是[+感知行为]、[+用眼睛]，不同义素是[结果]，其中"看"是[-结果]，"看见"是[+结果]。

反义词是一定语义单位中有对立或相反义素的词。"大人"和"小孩"以"人"为共同义素，[±成年]为对立义素，"大人"是[+成年]，"小孩"是[-成年]；"冷"和"热"以"温度"为共同义素，以[±高]为对立义素，"热"是[+高]，"冷"是[-高]。[①]

在一定语义单位中，一个词的义素包含另一个词的全部义素，它们是上位词和下位词的关系，如"学生"是"大学生"的上位词。

4.阐明词语组合条件

有些词语的组合条件单从语法上难以说明，如汉语能与"出嫁""有喜"搭配的施事名词，从语法上很难说清楚。从义素分析角度则比较容易解释，即施事名词必须具有义素[+人]、[-男性]。

---

① 王远新.语言学教程[M].3版.北京：中央民族大学出版社，2017.

（五）义素分析的局限性

义素分析法是仿照音位区别特征理论建立起来的，但语义成分比音位区别特征复杂得多。一种语言的音位区别特征不过十几对，世界上各种语言的区别特征加起来也不过20对左右，并且它们是一个相对封闭的系统。依据人类发音器官生理构造的特点，从语音的发音或声学特征出发，比较容易确定构成所有音位的区别特征数量。

语义是语言形式体现的内容，是人类对客观世界及自身认识的概括反映。它既与事物本身的特征有关，又与人们对事物的认识有关，内容庞杂，数量繁多，变化范围大。因此，很难确定一种语言词义的数量，也难以归纳出一定数量的义素描写所有词义。

另外，亲属关系词的义素难以用在烹饪词上，运动词的义素不能用在方位词上。有些词如颜色词以及意义十分抽象的词，很难采用义素分析法。正因如此，采用义素分析法很难完整地描写一种语言的语义系统。

二、语义的关系

（一）语义的聚合关系

语义的聚合关系指语言系统中各个语义成分在对立的基础上，由于相似或差异形成联想的关系。这些语义成分在一定的语境中可以相互替代。

现代语义学中常用语义场理论来进行语义研究。语义场是指具有共同的核心语义特征、在语义上具有相互联系和相互制约关系的一组词语的聚合。现实中有很多语义场。例如，"亲属语义场"，指含有"亲属"义素的词语，如"父亲""母亲""哥哥""姐姐""妹妹"等；"颜色语义场"，指共同含有"颜色"义素的词语，如"赤、橙、黄、绿、青、蓝、紫"。语义场理论反映了语义的聚合关系，促使语义研究进入新阶段。[①]

语义的聚合关系具体表现为以下几种类型。

1.单义与多义

（1）单义词

单义词指语言中只有一个义位的词。科学术语一般都属于单义词，如"原子""离子""辅音""函数"等。

单义可以分为以下两种类型。第一，派生意义与隐喻。认知范畴的"隐喻"指基于对象间的相似性，将一个认知模型投射到另一个认知模型。通过隐喻，词语可以获得新的派生意义。例如，汉语"深"的基本本义为"（水）不浅"，通过对其意义进行延伸，可以将其解释为"距离跨度大、某种元素积聚量大"，进而派生出若干义项，如树木茂盛、颜色过浓、道理精微、感情笃厚等若干义项。词语的本义及其派生意义分别属于不同的认知域，本义属于空间域，四个派生义项分别属于植物城、色彩域、知识域、情感域。这些看似不同的认知域联系在一起，表明它们之间存在一定的相似性，这就是隐喻机制。看似不同的认知域通过隐喻机制相联系，而这些联系的建立完全基于我们的经验和认知方式。第二，派生意义与转喻。认知范畴的"转喻"指基于对象间的相关性，在同一个认知模型内表述和理解部分与整体关系时，可用一个部分来认识另一个部分。在认识客观事物时，人们总是能记住突出显示的属性，因此有整体与局部、容器及其功能或内容等方面的替代。例如，"心"本指人和高等动物身体中推动血液循环的器官，但也认为心是思想和感情产生的地方，因此"心"派生出"思想、感情"的意思，如"用心""谈心"。

（2）多义词

多义词指具有多个义位且各个义位之间的关系密切的词。多义词的各个义位只是在意义上有联系，它们没有处在一个包含相同义素和相异义素的关系中，因此这些义位不处于同一个语义场中。

---

① 邓林，李娜，于艳英.现代英语语言学的多维视角研究[M].北京：地质出版社，2017.

词的多义主要来源于以下几种情况。第一，同音词重新解读。第二，修辞用法不同而产生多义。第三，使用范围转移。第四，不同社会领域中的词具有特殊专业意义。

我们还需要明白，多义词与同音词之间是不同的。同音词是指语音相同而意义不同的一组词。同音词分异形同音词和同形同音词。异形同音词指形式不同、读音相同的词语；同形同音词指形式和读音都相同的词语。异形同音词很好理解，但是同形同音词，很多人会产生误解，人们经常将同形同音词当作多义词。其实，判断是同音词还是多义词，我们可以通过判断词的义位之间是否有联系即可。

2.同义与反义

（1）同义词

同义词指义位相同或相近的词语。例如，英语中beautiful，pretty，handsome都有"漂亮"的意思，那么，它们就是同义词。但是在修饰不同的对象时，也可以表现出不同的功能。例如，beautiful修饰女性，handsome修饰男性；beautiful语义程度深，pretty语义程度浅。

同义词分为等义词和近义词两类。等义词是指意义相同的词语。在任何环境下，等义词之间都可以进行替换。近义词是指一些词语的理性意义相同但它们的非理性意义不同。也就是说，当人们提到一个词时，一般都会想到另一个词。这些词语的意义相近，差异不明显。但是，这些词语之间的不同却能反映出现实现象之间的细微差别，成为人们表达细腻的思想感情的一条主要途径。

（2）反义词

反义词指义位相反或相对的词语。反义词分为相对反义词和绝对反义词。相对反义词指两个词语虽然是相反的，但是它们的意义可以公共存在。绝对反义词指两个词语的意义完全相反，也就是说，否定一方，那么就必须肯定另一方。在特定的情况下，相对反义词和绝对反义词可以相互转化。

3.上下义

上下义关系指抽象义位与具体义位之间具有包含与被包含的关系，具有抽象义位的词叫上位词，具有具体义位的词叫下位词。上位词和下位词共同构成了上下义义场。上义位与下义位是一种纵向的关系，不包含对立或重合的关系。在多层次的语义场中，有些词既属于上一层的下位词，又属于下一层的上位词，这不是重复。通过研究上下义关系，我们可以加强阅读和写作中的词汇衔接、主题句与主体信息发展的照应等能力。

（二）语义的组合关系

语义组合指在动态使用过程中语义单位按照一定条件进行组合搭配。从本质上来说，语义组合是一种质的变化，而不是简单的量的增加或量的改变。

语法组合可以通过词序和虚词等语法手段来分析，但语义组合经常隐藏在语言表层结构下。例如，"面包和饼干全卖光了"这句话。从语法结构来看，"全"与"卖"之间是修饰关系，但是从语义结构来看，"全"指向"面包和饼干"。由语义组合成的结构叫"深层结构"，由词语组成的语法结构叫"表层结构"。

在语言交际中，语义组合经常受到以下条件的制约。

1.语义条件的制约

语义条件对义位搭配的制约可以从以下三个方面考虑。

（1）考察不同义位的色彩义

语义对义位组合的制约主要表现为义位理性的制约和各种色彩义的制约。色彩义的制约主要表现在三个方面。第一，褒义和贬义的对立。褒义词含有肯定和赞扬的意义，而贬义词则带有否定和批判的意义。[①]第二，口语和书面语的对立。口语与书面语在风格与色彩上具有不同的特点。书面语与口语相比较，显得较为正式。同时，许多口头能表达的东西，用书面语反而不能准确表达。因此，在特定的语境中，口语化特征明显的义位与书面语化

---

① 冯华，李翠，罗果.英语语言学与教学方法研究[M].长春：吉林人民出版社，2019.

特征明显的义位不能在同一语境中组合使用。第三，隐含义素间的对立。有些义位虽然表面一致，但暗含了许多语义特征。因此，在考察两种义位能否进行组合时，不能单纯考虑表面，还要考察双方暗含的语义特征是否一致。

（2）考察不同义位的功能特征

义位的功能特征指义位在句义中所起的作用。不同的义位具有不同的功能特征。例如，表示行为状态变化的义位具有施动、受动、使动等功能特征，表示客观对象的义位具有施事、受事、工具、地点、时间、状态、结果等功能特征。

（3）考察不同义位的相关义素

不同义位的义素既可以互相兼容，也可以互相排斥。若义素互相兼容，则两个义位能组合；若义素互相排斥，则两个义位不能组合。

2.语法规则的制约

义位是一种语义单位，由多个义素组成。多个义位要进行组合，需遵循一定的语法规则，即语言符号的线性运动规律和句义结构的基本法则。只有这样，组成的语义连续体才能正常发挥交际功能。

此外，语法规则的制约包括对各个义位的制约，如对施动行为的制约、对受动行为的制约、对定语组合的制约等。因此，在义位组合时，作为修饰限定成分的义位需要按照一定的顺序排列。

第三节　语义学理论在英语教学中的应用分析

在英语教学中，教师还可以利用语义关系向学生传授英语知识。这样不但能帮助学生明确区分词汇意义，加深学生的印象，而且能扩大学生的词汇量。语义关系包含多种类型，下面仅对同义关系、反义关系和上下义关系在英语教学中的运用进行探究。

一、同义关系的应用

在英语教学中，教师可以运用同义关系帮助学生理解和学习新单词，即通过已学过的比较简单的单词教授新的比较难的单词，如fantasy—dream，prohibit—ban，flair—talent等。

此外，教师也可以运用同义句转换教授词汇，即要求学生在较短的时间内，用最接近的词语替换原句中的词语，表达最相近的意思。运用这种教学方法，不但可以测试学生的理解能力，培养他们的语感和悟性，而且可以提高学生的语言表达能力，激发他们的学习积极性。

教师也可以借助语义理论让学生明白，尽管英语中有很多同义词，但是完全相同的同义关系非常少。很多同义词存在意义、语体、情感、语境等方面的差异。例如，"老子曰：胜人者有力，自胜者强。"的译文是："He who conquers others has force; he who conquers himself has strength."虽然译文中的force和strength是同义词，均表示力量，但也存在细微差别。force通常表示外部力量，而strength则表示内部力量。在该原句中，第一个"胜"指的是战胜别人的力量，表示外部的力量，所以用force；第二个"胜"指的是战胜自己的力量，所以用strength。

二、反义关系的应用

反义关系是一种对立关系，其包括等级反义关系，如good—bad，big—small，long—short；互补反义关系，如male—female，alive—dead，innocent—guilty；方向反义关系，如sell—bur，lend—borrow，parent—child。在英语教学中，教师可以引入反义关系来讲解词汇知识，让学生清楚地理解单词意思。

尽管教师习惯用近义词解释词义，但有些单词用反义词来讲解更容易被理解。例如，rude一词的意思是"粗鲁的、无礼的、狂躁的"。在讲解这一单词时，要找到一个近义词去形容它就很难，但用反义词polite来解释就容易多了，学生可以很容易就理解其意思，并且能深深地记住。

三、上下义关系的应用

上下义关系就是意义的内包关系，如desk的意义内包在furniture的意义中。对此，教师可以根据上下义关系开展英语词汇教学。例如，在讲解subject一词时，教师可以引申出其下义词mathematics，physics，chemistry，geology，biology，geography等。学生通过梳理词与词的上下义关系，掌握新学单词，巩固学过的单词，提高词汇学习的效率。

此外，借助语义关系开展英语词汇教学除了可以帮助学生理解和掌握单词，还能帮助他们更好地理解长句子，培养学生的逻辑思维能力。例如：

People who were born just before World War I remember waving at automobiles as they passed. Seeing a car was like watching a parade—exciting and out of the ordinary.

当读完这段文字后，可能有些学生不清楚automobile的意思，但通过分析语义关系就可以很容易判断出该词与car有联系，帮助学生理解该词的意思。

第六章　语用学理论及其教学应用探索

　　语用学是一门系统性学科，是语言学的一个重要分支，其主要是对语言的运用与理解展开分析。近些年，作为语言学分支的语用学发展十分迅速，其对人们的日常语言运用起到了重要的引导作用。因此，很多学者对语用学给予了关注。随着语言学与英语教学研究的深入，很多学者开始从语用学角度对英语教学展开研究，以开拓新的研究视角，并提升英语教学的效果。本章就对语用学理论及其教学应用进行探索。

第一节　语用与语用学

一、语用

　　语用，指人们在一定的语境中对语言的具体运用。语言是人类最重要的交际工具，只有在具体的运用中，语言才能真正实现其价值，起到表情达意和交流思想的作用，否则只能作为一种摆设。例如，"Today is Sunday."（今天是星期天。）这是一句很简单的话，但是离开了具体的语境，Today这个概念的意思含糊，因为每一天都可以被人指称为"今天"。从整句话看，离开了语境，也只能表达出"某一天是星期天"这个意思。但是，如果把这句话放入以下具体的语境，那就远远不止是这个意思了。

（1）一个男孩早就希望父亲带他去动物园，可平时父亲工作忙，抽不出时间，到了星期天，看到父亲好不容易有空，孩子坐不住了，对父亲说道："Dad，today is Sunday."

（2）儿子工作很忙，经常早出晚归，周末也经常加班，而且由于潜心工作而耽误了找对象，眼看着年龄一天天大了，父母看在眼里，急在心里，一个星期天早晨，本来说好了要去相亲，可临时公司又有事，这时妈妈说："今天是星期天。"

（3）一对夫妇，丈夫很懒，从不干家务活儿，但答应妻子星期天帮忙做点儿家务，可星期天到了，丈夫却睡了个懒觉，起来后，又像平时一样打开电视机，这时，妻子生气地说："Tom，today is Sunday."

情景（1）中，"Today is Sunday"表达了孩子对父亲的请求，希望父亲能带他去动物园玩儿；情景（2）中，"今天是星期天"表达了母亲对儿子的提醒以及自己心中的担心；情景（3）中，表达出妻子对丈夫的不满，含蓄地命令丈夫去干活儿。显然，这句很简单的话在不同的语言环境中还可以表达出多种不同的含义。相同的句子在具体的语境中往往会有不同的运用。有时候，人们说话时要表达的意思往往不局限于所说语句的字面意义。由于说话的场合、对象不同，所说的语句和结构甚至会出现与所表达的意义毫不相干的情况。在这种情况下，听话人就要听懂说话人的言下之意、弦外之音，要明白说话人的意图到底是在直言不讳还是话中有话、指桑骂槐。所有这些，都是在具体语境中语言具体运用的结果。

二、语用学

（一）语用学的缘起和发展

语用学是20世纪三四十年代兴起的一门主要研究语言运用规律的语言实

用学。它的研究和发展是在运用于其他学科领域时得到不断延伸和补充的，有关语用学的内容研究最早可以追溯到古希腊、古罗马时期，在当时盛行的辩论术的范围内进行讨论。①

从国外文化发展的历史背景看，语用学主要源于哲学家对语言符号的研究，它的早期发展一直局限于哲学领域内，导致人们对它的概念理解也较为笼统。而语言文字是最常见的符号系统，因此人们在研究语言的过程中也不可避免地会引用符号学的部分观点，造成了符号学中一些名词界定和理论也逐渐发展为语言学研究中的重要概念。随着整个语言研究领域的发展，语言学家们发现只研究语言符号本身的意思和结构，不结合具体运用的情况，是不科学、不现实的。所以，人们加强了对语言运用的研究，推动了语用学的产生和蓬勃发展。同时，由于语言研究的进一步深化发展，相应地产生了语法学、语义学和语用学，即著名的"语言研究三个平面"②，丰富了语言研究的内容，扩大了研究范围。而对语义研究的加强也同样促进了语用学的产生和蓬勃发展，③ "语用学"由此得以产生，并在以后的发展中成为一门独立的学科。

纵观语用学研究的发展过程可以看出，语用学、语义学、语法学都是语言学研究领域内的分支学科，是对语言运用及其使用规律进行研究。语言研究的三个平面不是互不干扰的，而是既有递进关系又有交叉，语义学和语法学的区别在于，语义研究中遇到的问题会更加复杂，讨论也更深入许多。语用学和语义学二者进行比较时，前者研究的问题相对后者来说又更复杂了一些，讨论时考虑的内容也更全面。同时，这种递进的层次是同语言研究的发展过程是相一致的，因为随着研究不断深入，原有的学科就会逐步突破学科理论的研究范围限制，会遇到许多新问题，需要去探讨更深层的理念，新的学科也就随之诞生，如同语义学研究句子本身的语言意义，但人际交往中个体对语言的使用和理解是有差别的，只看字面意思显然行不通，所以需要语

---

① 何自然，冉永平.新编语用学概论[M].北京：北京大学出版社，2010.

② 王建华.语用学与语文教学[M].杭州：浙江大学出版社，2000.

③ 索振羽.语用学教程[M].北京：北京大学出版社，2014.

用学的观点对话语进行全面理解。[①]

对于同一句话，语义学研究的重点则是这句话中的字和词语表达的字面意义，即已经固定成文的字典和词典上的意义。而从语用学的角度解读，就是要考虑说话人之间关系、当时所处的语言环境等，这也是语用学产生发展的原因。

（二）语用学定义

语用学，即语言实用学，它区别于语义学与句法学，是指从特定的交际语境出发，站在交际功能的角度，解析交际参与者表达的语义，最终深入探究言语的行为规律的一门研究学科。语用学提出处于社会中的人的言语行为为各种社会规约所支配，因此对于语用学的研究不能脱离具体的语境，也不能单纯地从以语言表面形式的词语组合结构出发去解释，而应该研究特定的话语在特定语境中的意义，即从具体使用语言的情境出发，结合口语交际本身所处的社会环境、文化环境、交际对象等因素来解释语言的意义。语用学有极为丰富的研究领域，它的研究对象包括交流者、语境以及实际运用的话语本身，也因此产生了许多跨学科的研究方向，包括语用语言学、跨文化语用学、社会语用学、认知语用学、发展语用学、语际语语用学、文学语用学等。[②]

语用学是研究在一定的语言环境中如何得体地、有效地运用语言进行交际的学科，包括如何得体地表达自己的思想感情，如何准确地理解别人的思想感情，如何产生最好的交际效果。[③]

从这一定义可以看出，语用学主要研究语言在不同环境下的使用情况，而使用语言的对象在对话交往的过程中，不只接收话语的字面意思，更有字面理解下的引申含义，即所谓的"意会大于言传"。这样一来，语用学就是

---

① 郭贵春，贺天平.现代西方语用哲学研究[M].北京：科学出版社，2006.

② 姜望琪.当代语用学[M].北京：北京大学出版社，2003.

③ 邢福义，吴振国.语言学概论[M].武汉：华中师范大学出版社，2002.

要找到其中的规律，即要找出语言运用的规律。话语、语境和语用主体是构成语用学理论的三大要素。如今的语用学在研究领域和涵盖范围上更加开放，形成众多跨学科研究，而狭义的语用学的研究内容主要包括：语境、指示词语、会话含义、预设、言语行为和会话结构这六个方面。[①]

（三）语用意识与语用能力

1.语用意识

语用意识是指学习者对于语用规则与社会规约产生的各种思考与意识，即学习者对于某种特定语境中的语用实现和语用规则具备的敏感度与意识，它可以综合体现学习者的语用学知识，帮助学习者监控并且及时调整语用实践。语用意识是衡量学生语用能力的重要标准，它的强弱极大地影响了学习者语言水平的高低并且呈现出一定的正相关关系，一般而言，语用意识越强，其语用能力越高，反之则越低。众多研究结果表明，语用意识的强弱甚至还在很大程度上影响着语言学习者使用语用语言知识和社交语用知识，语用意识越高，学生就会有较高的总体语言水平。因此，语用意识不但影响学习者的语言水平与跨文化交际能力，还在一定程度上影响着语义协商、语义产出、语用理解、语用实践等活动。因此，英语教师应具备一定的语用意识，熟知语用学的相关理论，如合作原则、礼貌原则、言语行为理论、顺应理论等，并能够做到在口语交际教学的过程中熟练运用语用知识与语用策略引导学生得体表达，有效交际。

2.语用能力

"语用能力"最初由乔姆斯基（Chomsky）提出，并将其定义为：说话者能够在某一特定的场合中正确妥帖地运用语言的能力。后经学者不断的研究与发展，语用能力被认为是话语交际者根据自身的知识经验，结合口语交际环境，理解交际对象的语言含义，并采取一定的表达方式和策略表达特定

---

① 索振羽.语用学教程[M].北京：北京大学出版社，2014.

意图的能力。其中，特定意图又包括在交际场合中说话者直接或间接所期望表达的观点、情感、态度等，如请求、建议、歉意等都属于特定意图。何自然教授认为语用能力就是运用和理解某种语言的能力，这个观点与汤姆森（Thomas）将语用能力定义为可以有效使用语言的能力的观点相似，也可以称为"倾听者认知语境的能力，以及根据语境内容体会他人的想法和意图，并在此基础上清楚地阐述和传递自己的想法与意图的能力"。值得注意的是，语用能力与语法能力和交际能力三者之间并不能混为一谈。语法能力是语言学习的基础，包括语音、词法、抽象语义等，即语言内部结构系统中有联系的内化知识的总和，单纯学习语法知识并不能等同于掌握语言、理解语言；交际能力是这三者中范畴最广的，包括语言、语用能力等许多因素；语用能力则是语言理解与运用的理论，在语法能力的支撑下才能顺利、高效地利用。因此，在日常口语交际的特定语境中正确、妥善地使用语用能力，可以帮助交际双方最大限度地发挥语言效能，减少交际过程中的语用失误现象，帮助人们得体交际，从而促成预期的交际目的。

彭庆华先生将语用能力总结归纳为：社会语言能力与语言行事能力、语境能力与语篇能力、隐喻能力与跨文化能力等。贾艳将语用能力的发展阶段概括为三个阶段：第一阶段为基础阶段，在这个阶段学习者只需要根据具体的语境提取信息从而理解话语引申的含义与目的即可；第二阶段为发展阶段，学习者需要在语境理解基础上领会相近话语表达出的社交意义，并灵活运用各种表达策略顺畅地表达自己的意见、想法；第三阶段是高级阶段，只有少量学习者可以达到此阶段的语用能力，该阶段的学习者语用水平极高。陈新仁先生将语用能力概括为形式与人际目标两个方面，又将其分为语篇组织、语用认知能力、语用语言能力和社交语用能力四个层面。因此，教师在口语交际教学的过程中应熟练运用语用能力编排口语交际环节，做到因材施教，通过丰富的语用教学手段引导学生恰当、得体地进行互动和对话，让口语交际教学更加多元化。

第二节　语用学的研究内容

一、言语行为理论

　　言语行为理论是语用学研究中非常重要的理论，它主要研究语言如何指导行为，关注的是人们如何以言行事，言后产生怎样的效果。言语行为理论的创始人是英国哲学家奥斯汀（J. L. Austin），后由美国哲学家塞尔（J. R. Searle）补充、发展。言语行为理论的出发点是每一段言语都会和行为产生密切的联系，那么言语行为即最基本的交际单位。[①]塞尔认为说话本身就是一种行为，他认为言语行为是为实现人的说话意图的一种活动，在一定情境中有意识地表达自己的言语意图，并希望表达对象能够理解说话人的意图进行活动。而本书中所提到的教师言语行为是指教师在课堂上带有明确的言语表达意图并希望学生按照自己的意图活动的言语。根据言语行为理论，它分为言内行为、言外行为、言后行为，下面将具体阐述其内容。

（一）奥斯汀的言语行为三分说

　　奥斯汀最初将言语分为两大类：陈述句和施为句（完成某种行为的句子）。但是二者没有明确的区分和判断标准。他也意识到这个分类标准不够科学，后将一个完整的言语行为分为言内行为、言外行为、言后行为。

1.言内行为

　　言内行为指的是"说话"的这一行为本身，指说话人说出有意义的话语或句子的行为。它是指发出语音、音节、说出单词、短语和句子等。因此，

---

① 吴金花.浅析言语行为理论视角下英语教学的语用功能[J].中国教育学刊，2013（S1）.

完成一个言内行为，大致相当于说出一个有意义的句子，它的功能是以言指事。例如，"回家记得写作业！"

2.言外行为

言外行为是通过"说话"这一动作所实施的一种行为，与言内行为比较，言内行为强调的是通过说话表达字面意义，而言外行为则是通过字面意义表达说话人的意图。言外行为的功能即为以言行事。

3.言后行为

言后行为即为听话人领会了说话人的意图并去执行，这会带来一定的后果和影响，若这一行为产生则为言后行为。例如，"大家安静一下"，教室立马安静下来，这便是言后行为。

在日常的语言交际中，往往会同时产生三种行为，它们是一个整体，而且有时候听话人虽领会意图，但不一定按照意图去行事。那么研究的重点便是说话的人如何更好地传达意图，倾听者又怎样能够正确地理解说话人的意图，产生后续的行为。本书主要研究教师课堂评价语的哪类言语行为更容易被学生接受，并使学生产生良好的学习行为。言后行为能够符合说话人的真实意图，与其预期相吻合并按照意图行事，对说话的人做出积极反馈，这便能够达到实际的交际效果；如果倾听者没有领会表达者的意图，不能理解表达者的说话意图，那么产生的行为就是对表达者的消极反馈，这样的言后行为即为无效的言语行为。这便说明交际中语言表达的意图很重要，直接影响听话人的后续行为。这种反馈在课堂中便体现为教师与学生之间的交流，尤其是教师对学生的评价后学生的反馈能够很好地反映出教师的表达意图是否成功。

（二）塞尔对言语行为的分类

塞尔继承了奥斯汀的言语行为三分说，但是只保留了言外行为和言后行为，这在后来的语用研究中有着不可小觑的地位。塞尔的言语行为理论在一定程度上向人们厘清了话语的表面意义与言外之力之间的区别。在言语行为理论中，塞尔的言语行为理论得到了学者们的广泛认可，是理解言语行为这一交际基本单位的基础。塞尔的言语行为分类主要是依据以下三个方面：言语行为的目的、适切方向、心理状态。塞尔依据这三个方面，将言语行为分为五个大类：阐述类、指令类、承诺类、表达类、宣告类。塞尔的言语行为分类是学者们普遍比较认可的言语行为分类。从这个言语行为分类的依据上可以看出每一类言语行为的言外之意、心理状态等，能够更加清楚地了解说话人的表达意图及心理活动。

二、语境理论

（一）语境的含义

语境简单来说就是语言发生和运行的环境，也就是说，语言必须在一定的环境中才能体现其价值。任何话语或言语事件都必须在一定的语境中才能发生。若没有语境，那么话语就没有实际意义。

从语言教学来考虑，学生若要提高交际能力，那么在教学过程中，教师就需要通过教学活动让学生明白语境的作用，让学生要时刻注意语境与交际需求的不同，注意话题和焦点的变化。

（二）语用学下的语境观

众多哲学家认为语境是一个与语用学紧密相连的概念。由于早期的语用学在某种程度上可以说是哲学的副产品，因此语用学中关于语境的研究一开始就与哲学有着紧密的联系。譬如，日常语言学派哲学家维特根斯坦通过观察孩子的游戏，发现角色是在游戏中动态地体现出来的，从而推断语言的意义也是在特定语境中体现出来的。奥斯汀指出说话的场合很重要，所使用的词的意义在某种程度上要结合原本设定好的或实际上已在语言交际中体现出的语境才能得到解释。格赖斯等也都论及语言意义在具体情形（语境）下的使用问题。

　　莱文森在《语用学》一书中明确指出，语境只包括一些基本参数，如参与者的身份、角色、居住地，对参与者拥有的知识或理应知道的内容的假设以及会话产生的地点等，并声明有些语境因素，如社会交往原则以及许多具有文化差异性的原则等是被排除在外的，原因是为了遵循哲学语言学的传统。黄衍提出，语境是系统地使用一个语言单位的动态环境里的任何相关的东西。它包含不同的来源，如物理的、语言的、社会的以及共有知识的。当然，这并不意味着语用学家们对语境的本质有了一致的认识，语境的复杂本质以及语境自身都具有语境敏感性，使得要给出一个学界共享和认可的定义甚或理论视角都是不可能的，通常都只能描述或捕捉语境的某一个小的方面。

　　无论语义学家还是语用学家都认识到语境的宏观与微观维度，而在另一个维度即静态与动态方面，语义学家主要关注的是语境的静态性，而语用学家们则逐渐强调语境的动态性、开放性和建构性。

　　斯波伯和威尔逊认为，语境的构成在整个话语进行过程中都是开放的，即不断进行选择和修正。语境不是事先设定好的，而是一个在话语中不断形成和变化的过程。根据关联理论，建构语境就是要寻求最佳关联。当语言发出者发出话语后，听话者就会将这一话语所表达的假设连同话语本身当作一种给定的直接语境，这一语境就是初始语境，如果在初始语境中找不到最佳关联，那么听话者就需要不断扩充语境，直至获得最佳关联。

　　语境可以通过三种方式不断扩展：一是调取已有的或推导出的假定加入语境，二是加入关于已经进入语境中的概念和假定的百科知识，三是关注周围环境的信息，能够产生关联的信息都可进入语境。维索尔伦指出语境是一个动态的而不是静态的概念。因为环境是持续变化的，所以参与者能够在交际过程中互动，语言表达能够变得可理解。维索尔伦用图表现了语境的动态建构。①他指出，图中的三个世界不是截然分开的，话语发出者和话语解释者也不是对立的，在实际的场景中常常相互换位。物理世界、社交世界和心理世界对说话人和听话人的话语产生与话语理解都会产生影响。说话人和听话人的视线（各由两条斜线构成）在物理世界、社交世界和心理世界的交汇

---

① 陈新仁.汉语语用学教程[M].广州：暨南大学出版社，2017.

处便是影响当前交际的语境因素，而这些因素会随着二者视线的变化而发生变化，各种世界中的因素若未渗入交际过程中也就不一定算是语境因素，因而语境是交际双方动态选择的结果。比如，一只蚂蚁从说话人的脚边爬过去，其基本上不参与话语建构，就谈不上是语境因素。除非它以某种方式介入双方的交谈，便可成为语境的一部分。

（三）语境的功能

1.语境对词义的选择功能

语境对词义的选择功能表现在以下几个方面。第一，确定指示对象。无论语法多么正确、字面意义多么清晰，离开语境的显影作用，很多内容可能让人无法理解。第二，扩大词义。词汇的词典意义是稳定的，但是一旦进入到不同的语境中，词义就有可能发生变化，通常不外乎词义的扩大与缩小。第三，缩小词义。词义的缩小是指在具体的语境中词汇表达的意义比编码义更具体的情形。

2.语境对句义的选择功能

语境对句义的选择功能主要包括消除歧义和支持含意推导。首先，消除歧义。歧义句是非常普遍的语言现象，脱离语境，通过语义分析，只能确定歧义句到底表达了几层含义，却无法消除歧义。在具体的语境中，歧义的消除是很容易的。由于语言具有线性特征（即人在处理语言时的线性模式），在交际中，言语的歧义必须能够在某种层面上得以消解，否则就会引起困惑。其次，支持含意推导。说话人经常在交际中使用某些暗示性话语，要理解其中的含意更需要结合语境信息进行推导。

3.语境对交际者关系的选择功能

话语本身可以传达一定的信息，如说话人对双方的熟悉程度、身份、话语权力等信息的认识和预设。然而，同样的话与不同的语境互动可能产生不一样的结果，不同的语境可能对会话双方的关系进行重构。语境对交际者关系的选择功能具体体现在以下几个方面。

（1）确定人物关系

称呼语的使用可以显示出说话人与听话人的亲疏程度，但有时候同样的称呼语在不同的语境中会有不同的表达效果。例如，《战斗的青春》中的胡文玉与许凤之间的对话："胡文玉见她那样，只好停下来，装出委屈的神情说：'许凤同志，这是怎么回事？'许凤咬牙切齿地说：'谁跟你是同志，走！'""同志"在抗战年代具有高度政治认同含义，胡文玉称许凤为同志不仅想表明他与许凤的熟人关系，还想说明自己与她是同一战线的战友，然而，胡文玉的变节使得许凤拒绝这一称呼，以此拉远彼此间的距离。①

（2）确定话语身份

身份既不是给定的，也不是一个产物，而是一个过程。身份不是简单地源自个体，而是来自磋商过程和具体语境等。既然身份是动态的、磋商的，那么一定是在具体的语境中反映出来的。也就是说，语境对话语双方的身份进行了选择。例如，《红楼梦》中，贾政与元妃本是父女，但元妃却不称其为父亲，且言语简短，而贾政虽是父亲，却称女儿为贵妃，称自己为臣或"政"，且话语冗长、正式，完全不是常规意义下的父女对话，因为在该语境下，话语要构建的主要是贵妃与臣下的身份，而非父女身份。

（3）确定话语权势

相传明太祖朱元璋称帝后，一位多年前的同乡前来找他，希望能得到赏赐，在朝堂上讲起他们小时候的故事："从前，我们两个都替人家看牛，有一天，我们在芦花荡里，把偷来的豆子放在瓦罐里煮着。还没等煮熟，大家就抢着吃，罐子都被打破了，撒下一地的豆子，汤都泼在泥地里。你只顾从地下满把地抓豆子吃，不小心把红草叶子也一嘴吃进嘴里了，叶子梗在喉咙口，苦得你哭笑不得。还是我出的主意，叫你用青菜叶子放在手上一并吞下去，这样红草的叶子才一起下肚了。"说话人本意是想通过叙旧向听话人描述自己的功劳从而得到赏赐，然而却被朱元璋一气之下赐了死罪。朝廷作为皇帝与文武百官商议天下大事的办公地点，在朝堂上君臣之别得到

---

① 雪克.战斗的青春[M].北京：人民文学出版社，2006.

凸显，用语应该非常谨慎和正式。另外，封建社会里皇帝常被认为是"天子"，生来即是万金之躯，超越众生，因此尤其忌讳外人知道自身的短处。然而，说话人并没有注意语境，没有认识到他们虽然曾经是平等的小伙伴，如今的地位却是天壤之别，没有看到话语权势的不同，尊卑不分，以"我们""你""我"相称，在当时的社会语境下无疑会因此丢掉性命。

4.语境对话语方式的选择功能

从宏观的社会语用角度看，语境还对说话人的说话方式有制约作用。粗略地说，说话方式有直接与间接、礼貌与不礼貌、得体与不得体之分。这几个维度无法穷尽话语方式，但无疑是比较主要的方面。此外，这几个方面无法截然分开，如得体往往意味着礼貌和间接，但也不是必然，间接不一定意味着礼貌，礼貌也不一定意味着得体。

（1）选择直接与间接

针对言语行为，直接与间接就是越不加修饰甚至粗鲁地表达个人意图，就越直接，反之就越间接。选择直接或间接的表达方式要看语境，并非越直接或越间接越好。如果是在日常交往中，用语一般应当选择间接的表达方式，以体现文明、平等、礼貌等。

（2）判断礼貌与不礼貌

同样一句话，在不同的语境中，可能是礼貌的，也可能是不礼貌的。例如，"麻烦你把这份文件打印出来一下，我马上要用。""麻烦"是因为自己要求别人做事而做出歉意的表达。如果说话人是公司董事长，听话人是秘书，作为秘书，文件打印之类的事是分内事，那么这句话是很礼貌的。但是，若反过来，是秘书对董事长说的话，无论理由多么充分，这句话都是欠礼貌的，因为秘书要求董事长为其做一件不是分内的事，措辞就应当更加委婉和礼貌。

（3）确定得体与不得体

得体与否还有一个同义词就是"合适"与否，做出一个合适的话语选择需要考虑多种因素，如社会的、认知的、人类学的、文化的及个人的等，简单地说就是交际应当基于人的情感达到一种平衡状态这一前提。那么，在特定的语境下就应当说特定类型的话，如果话语与语境不匹配，就会产生不好的效果。可见，明白在什么情况下说什么话是十分必要的。

第三节　语用学理论在英语教学中的应用分析

一、语用学理论在语言教学中的重要性

语言教学一直注重学生言语交际能力和阅读能力的培养。但是，在实际教学中，一些学生虽然掌握了大量的词汇，虽然理解了一定的语法，却不能有效地运用于实际交际活动中，甚至可能会引起交际冲突和误会。为此，在语言教学中，我们必须引入语用学，对语言进行深入分析，让学生从交际角度理解语言，从而达到良好的教学效果，最终实现良好交际的目的。

二、语用学理论与英语教学的关系

语用学与英语教学紧密联系，密不可分。二者之间的关系具体体现在以下几个方面。

（一）语用学与英语教学相互关联

在英语教学中，语法、词汇学习能力和语言运用能力同等重要。其中，英语运用能力，具体来说就是在不同的环境下，运用语言展现交际的能力。语言存在着语用的不同，如句型表达的不同、文化内涵的不同以及词汇的不同等。这些不同都属于语用学的研究范畴。因此，在英语教学中，我们可以深入研究和学习语用学理论，以解决一系列语用失误问题。

（二）语用学与英语教学相互影响

每个民族都有自己的母语。因此，在英语教学的初级阶段，学生很容易受到母语的影响。这种影响有正面影响和负面影响。正面影响有利于英语学习，负面影响则不利于英语学习。在英语学习初期，母语的负面影响会比较

明显一些。在这一阶段，学生习惯在脑海中组织好语言后再输出，随着不断学习，学生逐渐适应英语语言的使用模式，此时母语的负面影响才会减小。但是，英语语言具有语境化的特点，且英语语言结构比较复杂，因此当语言学习达到更高阶段时，学生会面临更多的问题，如英语语言理解问题。如果学生不能很好地理解一些暗示语以及与语境相关的英语语言等，那么就会导致出现一些交际障碍的问题，如学生不能正确地区别词语，在一个语境中不知如何表达等。

由此可以看出，英语教学不能简单地停留在教授学生词语和语法层面，也应该让学生了解语言背后的语用知识，以帮助学生了解在一定的语境中如何更好地运用语言来达到好的交际效果。因此，在英语教学中，教授语用学是非常有必要的。将语用学应用到英语教学中，有助于构建教育、学习、学以致用相结合的语言环境，有助于学生更好地学习英语语言，为提高英语使用能力奠定扎实的理论基础。

三、语用学理论在英语教学中的应用表现

（一）会话含义在英语教学中的应用

从语用角度来看，人类进行交际就是要完成一定的行为，也就是说要言有所为，如问候、陈述、解释、请求、命令、感谢等。但是，在实际交际中，交际双方并不是直接表达各自的行为，这些行为是隐含在言语下的，交际双方需要结合当时的语境才能理解这些言语行为。

我们一般说讲的含义理论是指美国的会话含义学说和法国、英国学者共同创立的关联理论中的含义理论，这两个理论都指出会话含义即隐含意义，是暗含在语句下的非字面意义。同时，英国语言学家奥斯汀的言语行为理论和美国语言学家塞尔的间接言语行为理论也揭示了语句的某些非字面意义。

这些理论丰富了语用学中的含意理论。①

　　格赖斯的会话含义学说是建立在合作原则基础上的。交际双方在交谈时必须遵循合作原则。按照会话含义理论，在言语交际过程中，如果说话者的话语违反了合作原则，那么听话者就需要结合当时所处的环境，推断出说话者所说的话语的隐含意义。因此，听话者要掌握会话含义理论，并在言语交际中能灵活运用会话含义理论。同时，说话者也需要掌握会话含义理论，以提高自己的英语表达能力，从而使自己在言语交际过程中，更好地输出言语，使自己的言语更具表现力和说服力。

　　结合会话含义理论，我们应该明确在英语教学中，教师要教会学生能够透过字面含义理解语用含义，从而提高学生的言语交际能力，让学生能与交际者好好配合，顺利完成交际任务。我们不妨举个简单的例子，以加深学生对会话含义理论的理解。小李和小王相约八点在电影院门口碰面。小李准时到达，但小王却迟到了30分钟。小李说："现在都八点半了！"（这句话显然含有"埋怨"的意味。）这时，如果小王回答："你的表真准啊，确实是八点半了。"那么就表明小王并未理解小李的语用含义，这样只会让小李更加不高兴，加深对小王的不满。若小王回答："塞车，迟到了这么长时间，实在对不起，请原谅。"那么，这表明小王理解了小李话语的语用含义，从而使双方交际能正常进行。综合小王的两种回答我们可以看出，这两种回答都符合语法规范，但是前一种回答没有注意会话含义，因此导致双方交际障碍，而后一种回答符合当时的语境，注意了会话含义，因此双方交际正常进行。

　　认知语言学和语言类型学中都有一个重要的概念——"象似性"。"象似性"遵循一个原则，即"一种功能，一个形式"。也就是说，不同的形式反映不同的功能，意义没有差异，那么形式就不会有变化。任何一个语言成分或语言现象的改变都意味着语用含义的增减。②

　　因此，在英语教学中，我们要注重培养学生结合特定语境识别和运用会

① 赵荣斌，田静，魏碧波.英语教学中的语用分析研究[M].北京：光明日报出版社，2016.
② 张平.语言教学的语用学视角[J].吕梁教育学院学报，2008，25（03）.

话含义的意识，提高学生运用会话含义的能力，从而提高学生的言语交际能力，让交际达到预期想要的效果。

（二）言语行为理论在英语教学中的应用

根据言语行为理论，我们知道将同一句话放在不同的语境中，会产生不同的效果。由此我们看出，英语是一个动态的系统，英语学习的重点体现在如何使用英语上。因此，在英语教学中，教师不能只关注静态的英语知识的教授，更要关注动态的英语使用能力的培养。

以往，人们学习英语重点放在分析句子的语法和意义上。也就是说，将句子作为独立的语言单位来进行学习。但是，从言语行为理论中我们可以看出，句子不仅仅是简单的陈述，还代表着说话者的言外行为。一般来说，句式有陈述、疑问、祈使和感叹四种。这四种句式都与说话者的具体行为有联系，如陈述是叙述事件、疑问是询问事情、祈使是给予指示等。很多句子既有字面意义也有语用意义，听话者只有正确理解理说话者的语用意义，才能明白说话者的言外行为。

因此，在英语教学中，教师要教授言语行为理论，帮助学生理解言语行为理论，扫除英语交际障碍，拓宽学生的英语语言学知识面，从而让学生更好地运用英语语言学知识来提高交际效果。

（三）语境理论在英语教学中的应用

英语教学本身就是一种动态的语境教学。因此，在英语教学活动中，教师要有意识地增强学生关注语境的意识，培养学生识别语境的能力，让学生逐渐意识到句法结构与语境有着密切联系，从而让学生能在特定的语境中，充分实现英语的交际效果。同时，教师可以在教学内容、教学活动的设计和安排等方面，注重语境作用的发挥。由此，学生的语用能力才能得到提高。

语用能力是指"听话人对语境的认识能力和在对语境的认识能力的基础上理解别人的意思和意图，能够准确表达自己的意思和意图的能力"。在现实中，语用能力体现为人们在特定语境中英语运用的得体性。

　　学生学习英语的目的就是在实际交际中，能在相应的语境中游刃有余地运用英语来理解和表达意思。但是，当前我们的英语教学大体上是学院化教学，英语与语境往往相脱离。学校英语教学长期将教授英语要素、英语规律、英语知识及英语使用规则作为教学重点，而忽略与英语相关的语境知识的教授，忽略言语能力的培养，因此学校英语教学效果始终不是太好。

　　此外，在教学活动中，教师的教学和学生的学习都脱离不了当地的文化背景。因此，在英语教学中，我们也需要注重文化知识的传授，如当地的价值观、审美观、民族文化等。

　　综上所述，我们可以明确在英语教学中，我们既要注重培养学生语境意识的培养、跨文化交际意识的培养，而且还要注重目的语国家的文化意识的培养。实际上，英语学习并不是单纯依靠英语知识的积累即可取得效果，重点还要依靠英语实践，在不同的语境中主动习得英语。因此，在英语教学中，学生一定要注重英语学习与语境相结合，在语境中获得英语能力的提升。

第七章　文化语言学理论及其教学应用探索

　　语言与文化有着密切的关系，语言不能脱离具体的文化而单独存在，文化也不可能脱离语言而单独存在。二者是共生的关系。关于二者的关系，正是文化语言学研究的内容，而文化语言学也是语言学的一个重要层面。在文化语言学未形成独立体系之前，语言学就已经对语言与文化的关系展开分析和探讨。到了20世纪后期，文化语言学成为一门独立的学科存在。在文化语言学的指导下，英语教学有了新的要求。本章就来分析和探讨文化语言学理论及其教学应用。

第一节　文化与文化语言学

一、文化

（一）文化的定义

　　文化是一个很广泛的概念，不少哲学家、人类学家、社会学家、语言学家一直努力从各自学科的研究角度对文化进行定义。学术界有关文化的定义已多于160种，目前的文化定义已多于250种。文化定义的多义性、不确定性，说明文化具有广泛性。学术界对文化的定义很多，大体上可以概括为广义和狭义两种。

广义的文化，即通常所说的大文化，指人类在改造自然和改造社会的过程中所创造的物质财富和精神财富的总和。从内容看包含两点：其一包括人类征服、改造、人化自然过程的实践活动；其二包括人类通过物质生产实践、精神生产实践而创造的一切物质财富和精神财富。自然的人化和化人，即人和社会的存在方式是广义文化的本质含义。人化指通过人的方式来改造世界而使外部世界事物带上了人文性质；化人指反过来，用这些改造外部世界的人文成果再去提高人、武装人，从而使人得到更为全面、自由的发展。广义的文化透视着在历史长河的发展中，人类的物质、精神力量相互作用而达到的成果。

狭义的文化，是指作为观念形态的，与经济、政治并列的，有关人类社会生活的思想理论、道德风尚、文学艺术、教育和科学等精神方面的内容。狭义的文化排除了在人类社会历史发展中有关物质所创造的活动及其成果部分，专指精神创造的活动及其成果，又称心态文化、小文化。从这个层面上说，文化也是一个国家或一定社会集团的教育科学、伦理道德、思想理论、文学艺术的生活方式之总和。

（二）文化的功能解析

没有文化发展，人类社会就不会前进并高级化。文化是由诸多要素所构成的一个复合体，这些要素相互作用、相互联系产生文化功能，对人类社会的发展起着重大的促进与推动作用。文化功能可分为七大部分。[①]

---

① 李胜兹.试论文化的性质与特征[J].德州师专学报，1998（03）.

1.意识形态功能

文化作为上层建筑的观念形态是由经济基础决定的，因而文化的内容由特定经济关系决定，而利益关系和阶级关系为经济关系的核心。在特定社会条件下，人作为文化主体总是处在一定的意识形态中，人们进行创作、想象离不开特定的社会背景，其思维方式受意识形态的制约与影响。文化生产也不是自由创造，客观上会受到一定阶级、集团利益的约束。哲学、法律、道德、政治是文化的组成部分，都是带有意识形态的文化生产，即便是最具审美特征的文学艺术同样如此。意识形态是较高层次的一种特殊文化，是一种带着强烈的社会意识、阶级意识的观念系统。在阶级利益支配之下，每种文化形态对与自己性质对立的经济、政治现实进行批判，对与自己同性质的经济、政治现实进行维护。随着历史的前进，统治阶级将走向灭亡，文化具有的意识形态功能也会消失而成为文化遗产或传统。

2.教化功能

文化的教化功能就是通过文化手段、文化形式教育和改造人，使人适应社会发展的需要。人在不同阶段、不同环境中创造出文化，经过世世代代积累，成为人们生活于其中的具体的、历史的文化环境。人与动物不同，人既能创造文化，又能理解、接受文化。一个人来到世上会立即处在先人创造的文化氛围中，在成长中不断学习、领悟规则、习惯、禁忌、风俗等，不断获取文化，将文化转变为人内在需要的教化，从自然人转变为社会人。成为什么样的人，判别、区分出什么是真善美，都是在社会环境中日渐形成的，是社会化作用的结果。社会环境包括文化环境，人的个性、气质、行为的形成以及人的社会性，主要通过文化环境的教化逐渐地形成。

3.调节功能

人类社会生活中不可避免地存在着人与人、人与自然、人与社会之间的矛盾，并且存在着自身情感与理智之间的矛盾，调节种种矛盾，文化发挥着重大的作用。人类社会进入阶级社会后将一直存在社会、集体、个人三者之间的矛盾。在阶级对立的社会中，统治阶级要调节自身内部的矛盾，又要调节与被统治阶级之间的矛盾，除了用法律武器调节外，文化中的道德、理想也起着很大的作用。一个阶级处于统治上升期时，总是强化社会理想的功能，鼓舞全体社会成员为共同目标努力奋斗，这时社会理想发挥自身作用，有力地调节着各个阶级间的冲突和矛盾。道德规范在调节个人与集体、个人与他人利益矛盾中也发挥着重要作用。另外，文化在调节人们精神状态、生活状态上也是非常关键的。

4.审美功能

审美是人类特有的现象，美好的事物可以愉悦身心、陶冶情操、净化人的心灵。人类通过对美的审视来感受世间的万事万物，得出善恶、美丑等看法，不断由低级走向高级，这就是文化的审美功能发挥的重大作用。文化的审美功能主要包括审美的趣味、理想、知觉和享受。审美趣味是人理解、评价各种事物、现象的审美能力，同人的文化水平联系在一起，文化和学识高的人能够做出比较全面的审美评价；审美理想与世界观密切联系，反映了人们的实践愿望和需要，审美理想主宰着一个国家在一定时代的审美风尚、趣味和趋向；审美知觉是人可以感觉周围事物的美，辨析现实或艺术作品中的人所表现崇高与卑下、美与丑，同时体验到满意抑或不满意的感觉；审美享受是对生活中、艺术中的美好事物的感知所引起的满足感、快乐感，审美享受从思想、道德、情感、政治上教育人，使政治原则、道德原则等成为人们精神世界的组成部分。

5.娱乐休闲功能

人们在生活中为了更好地娱乐、休息而产生了文化的娱乐休闲功能。娱乐休闲一般指消除体力疲劳、恢复生理平衡和获取精神的慰藉。娱乐休闲是在社会必要劳动时间之后的人的生命状态和精神状态，它在人类社会进程中发挥着重要作用。历史阶段不同，人们的劳动生产方式不同，感到的疲劳和压力就会不同，所采取的娱乐方式方法也会不同。现代化生产给人们最大的感受是精神上的疲劳，人们在工作、劳动之余，到文化宫、音乐厅、图书馆等场所能得到文化的熏陶、精神的娱乐和休息，可以消除疲劳，为再生产积蓄能量。传统年代向工业、后工业时代转变过程中以及在将来，无论处在什么时代，人们都需要娱乐休闲。文化的娱乐休闲功能对人的生活、发展具有重要意义。

二、文化语言学

1996年，美国语言人类学家加利·帕尔默（Gary B. Palmer）在《文化语言学理论构建》一书中对文化语言学展开了系统研究，他是首次将文化语言学当作一门学科来加以研究的学者。但加利·帕尔默对文化语言学的解释与我国20世纪80年代之后发展起来的文化语言学几乎没有相同之处。我国学者认为，文化语言学关注的是语言的文化背景，是西方语言人类学与中国文化学相结合的产物。当前，我国的文化语言学的研究者主要是汉语学者、少数民族语言学者和外语学者，研究成果主要集中在汉字与文化、方言与文化、词汇与文化、语言与民俗、语言交际与文化、外语教学与文化等方面。关于文化语言学的界定，至今没有形成统一的观点。

吕叔湘指出，文化语言学是一个民族的某种文化现象在这个民族的语言里有所表现，或者反过来说是某一个民族的语言里有某种现象表示这个民族的文化的某一个方面。根据这一理解，文化语言学自然是语言学的一个方面，是值得研究的。但如果说只有这样才算是语言学，其余的都不是，那么是很难被人认同的。

邢福义在其《文化语言学》一书中指出，文化语言学虽然与语言和文化的关系密切，但从理论而言既不是语言学的一个分支，也不是文化学的一个分支，而是一个独立的学科，有着自己独特的研究对象和目的。他还指出："从词语结构看，'文化语言学'的'文化'和'语言'是联合关系，层次应切分为'（文化+语言）学'，不是'文化/语言学'。"

戴昭铭在其《文化语言学导论》中指出，文化语言学主要任务仅仅是以文化和语言的关系为切入点来研究语言，探索语言诸多方面中的一个方面，从而引导人们更好地使用语言文字。文化语言学不是包罗万象的语言语言学科，不能取代现代语言学。

第二节　文化语言学的研究内容

一、语言与文化的关系

（一）语言是文化的工具

人们的社会交往和精神活动都离不开语言。诚然，语言不是人与人之间唯一的交际工具，也不是人自身精神活动的唯一思维工具，但是它是最重要的交际工具和思维工具。思维离不开语言，而文化行为又离不开思维。精神文化是思维的直接产物，物质文化是思维的间接产物。语言不可避免地成为文化的基础，也是文化得以存在的工具。由于语言的工具作用，文化传播和交流才成为可能，负载思想的语言使文化可视而又稳定。

美国学者伊恩罗伯逊在其《社会学》书中指出："语言是文化的根本。没有它，文化就无法存在。"①

（二）语言是文化的编码

语言本身是一个封闭的符号系统。语音区别特征构成了音位（phonemes），音位构成了词素（morphemes），词素构成词（words），词构成了句子（sentences），句子构成语篇（texts），语篇构成对话、故事、小说直至百科全书。这个封闭的系统之所以能与人的经验世界发生关系，对经验文化进行语言编码，主要就是因为它是一种符号的系统，它可以对外在的现实进行思维切分（mental segmentation）、类比联想（analogical association）。这即是说，语言符号具有一种将外在现实进行心理编码的能力。

---

① 裴文.现代英语语境学[M].合肥：安徽大学出版社，2000.

从表面上看，人似乎只是生活在物质性的外在现实中。但是，人之所以是人而不是动物，就在于人不能只生活于物质性的外在世界，他必须对这个外在世界进行认知并加以理解和接受。这即是说，人的社会生存必须将外在的物质现实内化为一种心理现实。社会学告诉我们，人是不能生活于他所无法认识和理解的世界的。人一旦对自己身处的世界无法理解，便会产生焦灼感，甚至心理障碍，直至自杀。难怪笛卡儿（R. Desoortes）说："我疑故我思，我思故我在。"[①]将外在经验现实转化为内在的心理现实的机制就是语言对文化的编码。从这个意义上来讲，人似乎是在依靠物质而生存，依赖语言编码而生活。人对文化现实的语言编码主要有两种方式：理据性编码（motivational codification）和任意性编码（conventional codification），又称约定俗成性编码。

（三）语言交际是传播文化的手段

语言交际与文化的关系恰好是跨文化交际的重要内容。跨文化交际这一现象并不是近期才出现的，而是自古就有。随着人类不断进步，跨文化交际的内容、形式等也在不断改变。在当今时代，跨文化交际的手段和内容变得更为丰富。通过跨文化交际，国与国之间可以相互交流，这种交往的过程是十分复杂的过程。

虽然交流的时空距离在不断缩小，但是人们的心理距离、文化距离并没有随之缩小。由于受文化取向、价值观念等的影响，文化差异导致了一些冲突和矛盾的出现，不同文化背景下的人们的交流面临着严峻的障碍。为了解决这些障碍，对跨文化交际进行研究是十分必要的。

---

① 张维鼎.语言文化纵论[M].成都：四川辞书出版社，2002.

二、中西价值观差异

（一）中西价值观形成的环境影响

一个民族价值观念的产生、形成和发展主要受三种因素的影响：环境适应（environmental adoptions）、历史因素（historical factors）、和思维方式的哲学基础（philosophical basis of thinking pattern）。由于不同民族在地理环境、历史条件等方面的差异形成了不同的思维方式，同时也形成了不同的价值观。一个民族的基本价值观念一旦形成，就会牢牢扎根于本民族人们的心中，而且代代相传。

中国位于亚欧大陆东部，东临太平洋，广大的中部平原适宜农耕，由此衍生出了中华文明。农耕生活方式，一方面，使中国人可以安居乐业；另一方面，在生产力不发达的情况下，家族成员必须团结配合相互帮助才能够应对自然灾害的侵扰，这样便使得中国的家族发展很快，而且极易形成大家族或家族群落。所以，在中国人的世界观和价值观里，家族成员之间的关系是生活的核心问题，久而久之，便产生了针对熟人圈子的仁（benevolent）、义（righteous）、礼（courteous）、智（intelligent）、信（trustful）等道德价值观念。

西方文明发源于古希腊，而古希腊紧邻大海，岛屿多，岩石多，土壤比较贫瘠，气候条件极不稳定，四季不分明，极不适宜农业生产。独特的地理环境和生产力的发展决定了许多人无法从事农业生产而被迫"背井离乡"，只有从事手工业生产，才能弥补自身的资源缺陷，才能更好地生存。手工业者和工商业者的经济活动就是在交换中寻求利益，追求个人利益的最大化，只有这样才能够保证自己的生活。受此生产方式的影响，智慧（intelligent）、勇敢（courageous）、节制（temperance）、正义（righteous）成了西方人普遍信奉的道德价值观念。

就价值观的五个价值取向而言，中西文化差异很大。在人性方面，中国文化的核心主张"性善论"，即"人之初，性本善（human nature is essentially good），性相近，习相远"；西方文化受基督教影响，崇尚"原罪说"（theory of original sin），认为"人性本恶"（humans are basically evil）。在人与自然的关系上，中国文化自始至终都强调人类与自然的和谐，主张"天人合一"（harmony between man and nature），热爱自然，珍惜万物，追求和谐共生；西方社会认为人类是大自然的主人，为了人类自身的利益，必须征服和主导自然力量。在时间取向上，中国人高度重视传统文化，重视过去的经历，会习惯地往后看，并喜欢沿用过去一贯的做法；西方欧美人士更取向未来时间，更注意变化和多样性，更注重科学研究及改革创新。在活动取向上，中国文化是存在的趋向，提倡"以静制动"（take the quiet approach），"以不变应万变"（coping with all motions by remaining motionless）；西方社会是一个强调行动"做"的社会，人们必须不断地做事，不断地处于行动中才有意义。在处理人与人之间的关系时，中国人比较崇尚集体主义的价值观，它是中国文化的主线；英美价值观念的主线是个人主义（individualism），崇尚个人相对社会的独立自主性，它强调的是自我和个人的成就。

（二）中西价值观的外在体现

在中国传统社会中，道德价值观与政治是密不可分的。道德价值观往往是从上至下、从中央到地方逐步推行的。在实践中，传统德治的主要内容包括施仁政（practice the benevolent governance）、重教化（pay attention to the cultivation）、强调官员道德修养（emphasize the moral cultivation of officials），以及建立社会的伦理纲常（to establish social ethics）四个方面。从社会制度文化来看，中国自隋唐以来实施1000多年的科举制度（imperial examination system），以严格的德智为基本要求，遴选知识分子精英作为官员，组成管理国家的政治集团，一大批知识分子精英从社会不同层面代表了不同声音进入国家执政集团，与最高统治者一起讨论如何治理国家，有一定的民主作用。

在西方，天赋人权（innate human rights）的思想成为社会主流思潮，形成了西方个人本位的道德价值观。在西方道德价值观中，以不侵犯别人权利的个人本位作为准则。个人本位（individual standard）使西方人主张人的个性张扬与展示，主张享受人的权利与自由。这种传统使得西方社会不得不依靠法律来约束个人的社会行为，使平等、自由等成为人与人之间价值观的核心。受传统因素的影响，西方现代社会依旧在相当程度上属于分权制度（decentralization system），这是由西方社会政治多元化、党派多元化、信仰多元化的社会现实所决定的。各种利益的代表者由于惧怕最高权力统治者损害自己这个利益帮派的权益，主张权力制衡机制（check-and-balance mechanism）。所以，这种民主是既得利益各派权益的多向冲突抗衡而致的民主，是一种拉帮结派竞争型民主，民主政治通过竞选（running for presidency）、普选（general election）、推荐（recommendation）等方式实现。

（三）中西方价值观的具体差异

中国传统哲学观是"天人合一"，指的是人对大自然的顺从和崇拜，并与大自然和谐统一。中国神话故事如女娲造人、夸父追日、精卫填海及神农尝百草等都体现了救世精神（salvation spirit）、现实主义精神（spirit of realism）、坚韧不拔的精神（perseverance）和利他主义精神（altruistic spirit）。中国"天人合一"的思想必然导致集体主义取向、他人利益取向和以天下为己任的大公无私精神。讲仁爱、重民本、守诚信、崇正义、尚和合、求大同是中华优秀传统文化中的思想理念，也是一种思想道德价值追求和人格修养的独特品质。中国人崇奉以儒家仁爱思想为核心的道德规范体系，讲求和谐有序，倡导仁、义、礼、智、信，追求修身（cultivate one's moral character）、齐家regulate the family）、治国（manage state affairs）、平天下（run the world），追求全面的道德修养和人生境界，形成了中华传统美德和民族精神的核心价值理念。

西方哲学观自古倾向于把人与大自然对立起来，即天人相分（separation of nature and human），强调人与大自然抗争的力量。所以，西方重个人主义（individualism）、个性发展（personality development）与自我表现（self-expression）。他们认为一个人有时达不到自己的目的，那不是天命（God's will），而是自己懒惰，缺乏斗争精神。因此，西方价值观强调以个人为主体和中心，也就是有突出的"利己"（egoism, self-interest）思想。这种思维方式以实现个人利益、维护个人尊严等作为出发点，决定各种社会人际关系的建立，影响人们的价值评判，并形成相应的行为方式和态度。它肯定个人作为宇宙间一个独立实体的价值，强调人的权利和人与人之间的竞争，认为只有通过个人奋斗和竞争才能够确立自我价值（establish one's self-worth）和实现个人目标（achieve personal goals）。

1.集体主义文化与个体主义文化

儒家思想（Confucianism）是集体主义文化的思想根基，汉语文化中更重视一个人是某个集体中的人（a group member）这个概念，所有"个人"被看作是整个社会网中的一部分，不强调平等的规则，而是强调对群体的忠诚。集体主义者对他直接隶属的组织承担责任，如果不能完成这些责任和任务，他们就会感到丢脸。集体主义者对自己群体内的人很关心，甚至达到舍己救人、牺牲自我的地步，对群体外的人可能会很强硬。集体主义文化把"自我肯定"（self assertiveness）的行为看作是窘迫的，认为突出自我会破坏集体的和谐（harmony）。集体主义文化中强调互相帮助和对集体负责。任何个人的事都要在集体的协助下完成，一个人的事也是大家的事，朋友之间对个人事务要参与和关心。与集体主义（collectivism）和利他主义（altruism）相伴随的是无私的奉献精神（spirit of utter devotion），当国家、社会和他人的利益与个人利益相冲突时，传统道德价值观往往教育我们要舍弃个人利益，以国家、集体和他人利益为重，把国家、社会和他人的利益放在个人利益之上，这种无私奉献、公而忘私的精神一直受到社会推崇，受到民众敬仰。

西方的个体主义思想的哲学根基是自由主义（liberalism），它的基本主张是每个人都能做出合理的选择（make well-reasoned choices），有权依照平等和不干涉的原则（equality and non-interference）去过自己的生活，只要不触犯别人的权利，不触犯法律和规章制度，他们有权利追求个人的兴趣和爱好，一个好的公民是守法（law-abiding）和讲究平等的人（egalitarian）。在个人主义高度发达的社会中，它的成员逐渐学会并擅长表达自己的独特性（uniqueness）和自信心（self-confidence and assertiveness），表达个人的思想和情感，对于不同意见公开讨论，这些都是人们看重的交流方式。他们不害怕别人的关注（attention），因为这种关注才能证明他们的独特性。

2.家族为本与个体为本

中国长达两千多年的封建社会是以家族为本位的社会制度，所以家族本位（family standard）在中国人的思想意识中根深蒂固。中国人以血缘关系结成错综复杂的层次网络，形成了高低贵贱的不同等级。中国古代传统道德的"三纲五常"（三纲指的是父为子纲、君为臣纲、夫为妻纲，可译为the Three Cardinal Guides—ruler guides subject，father guides son and husband guides wife；五常通常指仁、义、礼、智、信，可译为five Constant Virtues）阐述和规范的是人与人之间的关系问题。在古代中国，子女即便是成年，依然与父母一起生活。在社会道德规范里，子女的首要义务是赡养父母。其次，中国人在处理事情的时候，往往从家族的整体利益出发，并且习惯考虑父母或者长辈的意见和建议，强调无大家就无小家，无国亦无家，家国一体。在中国的传统文化中，家风家训（family tradition and family instructions）文化是一个十分重要的组成部分，家风家训是建立在中华文化根本上的集体认同，是每个个体成长的精神足印，是一个个家族代代相传、沿袭下来的体现家族成员精神风貌、道德品质、审美格调和整体气质的家族文化风格。传统家训的主要作用在于有效维系家庭成员之间的关系，从而建立和谐的家庭秩序。历史著名的司马光家训、颜氏家训、曾氏家训所蕴含的道德教育，主要内容包括：孝顺父母长辈、维持兄弟和睦、关爱他人、勤以修身、俭以养德、诚信无欺、早睡早起、参加家务劳动以及读书明理学以致用等。这些家风家训伴随着中华文明的发展，已经深入到了我国国民的骨髓中，不仅能够在一定程度上提升人民的物质生活水平，同时还能丰富一个人的内在精神。

西方"天赋人权（man's natural right）"的思想及个人主义价值取向可以追溯到古希腊罗马时期，古希腊神话如乌拉诺斯、潘多拉的魔盒、苹果之争、俄狄浦斯王等，体现了竞技性、竞争性、尚武性、残酷性、自私自利性等文化特征，也形成了确信生命只有为其自己而活着才有价值、为自我满足而奋斗才有意义的乐观主义希腊精神，构成了整个西方文明和价值观念的灵魂。这种以个体为本的价值观认为，当个人利益与国家利益、社会利益、家族利益以及亲属利益相互冲突时，应当优先考虑个人的利益。个体主义文化是一种以"我"为中心的文化，即I cultures。在这种文化下，每个个人都被看作拥有独特的价值（intrinsic worth），每个人都极力表现出自己与他人的不同来表现这种独特价值。个体主义文化非常重视个人主义（individualism）取向，强调"自我"，在交际中表现出强烈的肯定和突出自我的色彩。这种突出自我的思想意识体现在行动上就是敢于标榜和突出自我，敢说敢为，敢于表现自己，表现出强烈的自我奋斗和自我实现的进取精神。另外，因为他们身体力行个体主义，个体化意识根深蒂固的缘故，他们认为年龄、婚姻状况、收入、宗教信仰、婚姻状况、体重等都属于个人隐私，不允许别人干涉，打听个人隐私是令人难以容忍的。西方人非常重视个人主义（individualism）取向，强调"自我"，在交际中表现出强烈的肯定和突出自我的色彩，这种观念可以在英语中大量的以ego（自我，自我意识）和self（自我，本人）组成的词组中体现出来，如egocentric（自我中心的），ego ideal（自我理想化），ego trip（追求个人成就），ego-defense（自我防御），self-control（自我控制），self-confidence（自信），self-made（靠个人奋斗而成功的），self-reliance（自立），self-fulfilling（自我实现），self-help（自立），self-image（自我形象），self-interest（自身利益），self-protection（自我防护），self-respect（自尊）及self-seeking（追求个人享乐）等。

三、文化差异的语言表现

（一）意合与形合

意合（parataxis）即词与词、句与句的从属关系的连接不用借助连词或其他语言形式手段来实现，而是借助词语或句子所含意义的逻辑关系来实现，句子似断似连，组成流水句，语篇连贯呈隐性。中国的唐诗宋词在建构语篇情境时，采用的就是意合。"形合"（hypotaxis）常常借助各种连接手段（连词、介词、非限定性动词、动词短语等）来表达句与句之间的逻辑关系，句子结构严谨，连接关系清楚。句与句、段落与段落之间彼此关联、相得益彰，像摆在我们面前的一串串葡萄。

1.意合语言

汉语中很少用到甚至不用任何形式的连接手段，而比较重视逻辑顺序，通常借助词语或句子所含意义的逻辑关系来实现句子的连接，因此汉语是一种意合语言，句与句之间的连接又称"隐性"（implicitness/covertness）连接，汉语句子可以是意连形不连，即句子间的逻辑关系是隐含的，不一定用连接词，这无论是在中国的唐诗、宋词、元曲等古文作品中，还是在现代文作品以及翻译中都体现得淋漓尽致。

苏轼的《水调歌头》：

明月几时有？把酒问青天。不知天上宫阙、今夕是何年？我欲乘风归去，唯恐琼楼玉宇，高处不胜寒。起舞弄清影，何似在人间？转朱阁，低绮户，照无眠。不应有恨、何事长向别时圆？人有悲欢离合，月有阴晴圆缺，此事古难全。但愿人长久，千里共婵娟。

全词言简意赅，没有借助任何连接手段，而是完全借助隐含的意义上的逻辑关系，完成了整个语篇意义的建构，以月抒情，表达了词人在政治上的失意，同时也表达了他毫不悲观的性格。

在现代文中这样的例子也比比皆是，下面就是一例：

到冬天，草黄了，花也完了，天上却散下花来，于是满山就铺上了一层耀眼的雪花。

可以看出汉语句子的分句与分句之间或者短语与短语之间，在意思上有联系，但用很少的关联词连接每个分句或短语。英语中也有意合结构，但这种情况很少，句与句之间可以使用分号连接。

2.形合语言

英语有严谨的句子结构，句型有规律可循（倒装句、反义疑问句、祈使句、疑问句以及there be句型等），语法严格而没有弹性（主谓一致、虚拟语气、情态动词用法、冠词、介词、代词、名词的格和数、时态及语态等），常常借助各种连接手段（连词、副词、关联词、引导词、介词短语、非谓语动词、动词短语等）来表达句与句之间的逻辑关系，因此英语是一种重"形合"语言，其语篇建构采用的是"显性"（explicitness/overtness）原则。例如：

So far shipment is moving as planned and containers are currently en route to

Malaysia where they will be transshipped to ocean vessel bound for Denmark.

到目前为止，货运按计划进行中。集装箱货物正在驶往马来西亚的途中，在那里将被转为海运，开往丹麦。

英语中有时需要用and把词与词、句与句连接起来，构成并列关系。如果将and删掉，就违背了英语的严谨的句法规则，此句也就变成了病句。在翻译时，and不必翻译出来，句子意义的表达也会很清晰。

在复合句的表达上，英汉两种语言存在着形合与意合的不同，即在句与句之间的连接成分是否保留上二者有本质区别。英语以形合见长，汉语以意合见长。通过对上面英汉句子的对比我们可以看出，英译汉的过程中一些连接词的省译可以使译文更具汉语意合的特点，反之亦然。也就是说，在进行两种语言的翻译时，要考虑这两种语言的特点，做必要的衔接连贯手段的增添或删减。

（二）思维模式

翻译是一项复杂的双语转码活动，它是两种语言符号的转换，也是两种文化的沟通。语言文化的差异所导致的表达方法和习惯用法的差异，可以追溯到更深层次的思维方面的差异，所以翻译过程不仅仅是两种语言的转换过程，也是两种思维的转换过程。思维模式（thinking mode）的差异对翻译会产生很大的影响。在翻译过程中，应该根据不同的思维模式，选择适合目标语思维模式的词语用法、句法结构、句子语序、句式结构以及行文特点等，否则会影响译文的顺畅、优美，译文生硬欠妥，甚至出现错误，最终影响交易的顺利进行，有时还会导致交易失败。

1.螺旋型思维模式

中国人的思维模式是螺旋式的流散型思维模式，整个思维过程按事物发展的顺序、时间顺序或因果关系排列，绕圈向前发展，把做出的判断或推理的结果，以总结的方式安排在结尾，也就是先说事实、理由，再得出结论。行文如行云流水，洋洋洒洒，形散而神聚。例如：

昨晚，我厂发生了火灾，虽然最终扑灭，但是部分货物还是受损严重，其中有本打算周末发往您处的沙滩帐篷。我厂将尽快赶制一批帐篷，望您方将收货日期延长至下月底。

汉语思维：A fire broke out in our warehouse last night. Though it was put out soon, part of the stock was seriously damaged, including the tents which had been intended to send to you this weekend. We will try hard to produce a new consignment, and we hope that you can extend delivery to the end of next month.

英语思维：We will be grateful if you could extend delivery of the tents to the end of next month. A fire broke out in our warehouse last night, and destroyed part of the stock which we had intended to ship this weekend. We are trying hard to produce a new consignment to replace the damaged ones.

我们试着从买方看到汉语思维译本可能做出的反应的角度来分析一下，括号内为买方的可能反应。A fire broke out in our warehouse last night.（Oh, sorry to hear about that.仓库着火，深感同情。）Though it was put out soon, part of the stock was seriously damaged,（still, sorry to hear about that.库存损失严重，还是深感同情。）including the tents which had been intended to send to you this weekend.（What? 什么？我们买的帐篷也烧了？惊愕！）We will try hard to produce a new consignment,（oh, yeah?你们在赶做我们的货啊？）and we hope that you can extend delivery to the end of next month.（Why don't you say it at first? 要推迟交货日期到下月末，哎呀怎么不早说呀！）。相比而言，英文思维译本显然就比汉语思维译本好多了。开篇就先把与买方息息相关的内容做了阐述，态度也会显得比较诚恳（We will be grateful if ...），不像汉语思维译文，会有推诿之嫌，引起对方的不快。在翻译中，不能按照汉语的思维方式来翻译，否则会导致交际失败，甚至影响贸易的顺利进行。

2.直线型思维模式

在思维方式上，西方人理性思维发达，具有严密的逻辑性和科学性，是直线型思维模式。他们往往以直线推进的方式进行严密的逻辑分析。在语言表达上表现为先论述中心思想，表明观点，而后在对背景、事件起因、经过、结果等分点阐述说明。在建构语篇时，他们也习惯于开篇就直接点题，先说主要信息，再补充说明辅助信息。在翻译过程中，应该按照西方人的思维模式：先点题，再阐述具体信息；结果放前，原因放后；先中心思想，后具体细节信息；先主要信息，后次要信息或辅助信息。例如：

You will receive an itemized statement on the thirtieth of each month, as the enclosed credit agreement specifies.

按照附件中的信用卡使用协议，每月30号收到详细账单。

英语思维方式是先主要信息（receive an itemized statement），后辅助信息（as the enclosed credit agreement specifies）；汉语思维方式是把主要信息放在后面（每月30号收到详细账单）。

We will open the L/C as soon as we are informed of the number of your Export License.

我们收到你方的出口许可证号，就开信用证。

英语思维方式是先目的（open the L/C），再提条件（we are informed of the number of your Export License）。汉语思维方式是先提条件（收到你方的出口许可证号），再说明要达到的目的（开信用证）。

（三）句子重心

中国人和西方人截然不同的逻辑思维方式导致了两种语言句子结构重心（focus of sentence）的差异。英语重视主语，主语决定了词语及句型的选择。主语可以是人也可以是物。西方人还经常使用被动语态来突出主语的重要性。汉语重话题，开篇提出话题，再循序渐进，往往按照事情的发展顺序，由事实到结论或由因到果进行论述，所以在汉语中多使用主动语态。英语重结构，句子比较长，有主句有从句，主句在前从句在后，甚至于从句中还可以包含一套主从复合句，句子变得错综复杂。每个句子就像一串葡萄，一个主干支撑着所有的葡萄粒。主句就是主干，通常放在句子的最前面。汉语重语义，句子越精炼越好，只要达到表意功能即可。

综上所述，英语句子的重心应该在前，而汉语句子的重心应该在后。这点在翻译中所起的作用是不言而喻的。在翻译过程中，为了突出对方的重要地位，经常使用被动句，把对方放在主语的位置上。为了让对方迅速了解信函的目的，开篇就要点明写作意图，然后再做解释说明。与此同时，必须弄清楚整个句子的句法结构，找到句子的主干以及分清句子中各成分之间的语法关系，即找出句子的主干，弄清句子的主句，再找从句和其他修饰限定，把重要信息放在主句中。例如：

我们打交道以来，您总是按期结算货款的。可是您L89452号发票的货款至今未结。我们想您是否遇到什么困难了。

Please let me know if you meet any difficulty. Your L89452 invoice is not paid for the purchase price. Since we have been working with you，you are always on time。

汉语句子开篇提出话题，然后再说明所发生的事情，最后说明信函的目的，句子重心在后。英语句子则不同，开篇就说明了信函的目的，而且以对方为主，表示对对方的尊重，句子重心在前。

我公司在出口贸易中接受信用证付款，这是历来的习惯做法，贵公司大概早已知道。现贵公司既提出分期付款的要求，经考虑改为50%货款用信用证支付；余下的50%部分用承兑交单60天远期汇票付清。

Your request for payment in installments，with 50% of the payment by credit card，and the remaining by D/A 60 days' sight draft，has been granted despite the fact that it's an established practice for our company to accept L/C in our export trade as you probably already know.

汉语由几个短句构成，先谈规则，再谈按照对方要求所做的改动（即最终结果）。英语句子仅仅用了一句话，借助介词短语、状语从句、方式状语从句等把所有的信息都涵盖了。句子错综复杂，理清句子结构显得尤为重要。句子中最重要的信息被放在了句首，也是句子的主干。为了达到这一目的，句子用物做主语，并使用了被动语态，突出了主句。主句Your request for payment in installments has been granted才是句子的重心。

The J. Paul Getty Museum seeks to inspire curiosity about，and enjoyment and understanding of，the visual arts by collecting，exhibiting and interpreting works of art of outstanding quality and historical importance. To fulfill this mission，the Museum continues to build its collections through purchase and gifts，and develops programs of exhibitions，publications，scholarly research，public education，and the performing arts that engage our diverse local and international audiences.

J.保罗盖蒂博物馆通过购买或接受赠品来扩大其收藏，开办展览项目，出版作品等方式进行学术研究，开展公共教育，通过表演活动吸引当地观众和国际观众。J.保罗盖蒂博物馆这样做的目的是通过收集、展览以及诠释高质量的、杰出的、有历史意义的艺术品，来激发人们对视觉艺术的好奇心，促进人们对艺术品的理解和欣赏。

相比较而言，英语总是能"直戳要害"，开门见山地点出句子的重点和主题。我们平时阅读双语文章，有时候遇到汉语读不太懂的句段，反而看对应的英语翻译会觉得豁然开朗，大致原因也是要归功于英语的直观性了。

第三节　文化语言学理论在英语教学中的应用分析

一、文化语言学在语言教学中的重要性

（一）文化语言学提出了新的教学理念

在教学过程中，有很多人认为语言与文化是固定不变，保持相互独立的，因此认为语言与文化都可以像提取信息一样被提取出来。那么，教育活动就是教师将这种提取物传递给学生。按照这种理解，我们就可以认为语言教学只要设置了语言课程和文化课程，就可以实现对语言和文化的教授。其实不然。这种认识割裂了语言与文化之间的关系，很容易误导学生认为语言与文化之间是无关联的，以致形成语言知识结构和文化知识结构两种独立的结构。

帕尔默的文化语言学理论将认知理论与文化进行整合，为我们提供了新的语言教学理念。帕尔默的文化语言学理论认为，语言教学不能以语言构造和语言规则为中心，而应该将引导学生理解和认识语言与文化之间的关系作为切入点，想办法提高学生的语言文化能力，让学生能意识到并自觉地将语

言学习与文化内涵理解相结合，从而最终提高自己的语言认识和学习能力。

语言教学以文化语言学为理论基础，从认知主体的体验性和语言的文化性来解释语言，让学生深刻地理解语言产生和运用的依据及其文化内涵。这种以文化语言学为语言教学理论基础的语言教学可以说是更科学、更全面的语言教育方法。

根据文化语言学理论，在语言教学过程中，我们充分利用言语主体的认知机制和言语文化背景，列举语言的意义及其相关知识，同时将语言的文化性引入教学。通过这两个方面，改变学生对语言的认知，提高学生自主学习语言的能力，促使学生内化所学知识，最终将所学知识运用于实践，最终实现综合素质的提高。

文化语言学理论不仅给我们提供了全新的教学理念，而且还为我们提供了新的研究语言与文化的方法。这对改进语言教学方法提供了强有力的推动作用。文化语言学理论不仅扩展了语言研究范围，增加了语言研究对象，而且为语言教学实践提供了理论指导，它为语言教学目的的实现提供了一个全新的语言与文化教学平台。

（二）文化语言学对教师的教学提出了更高的要求

文化语言学对语言教学的促进作用还体现在对教师的影响，具体表现在以下几个方面。

首先，文化语言学对教师的理论素养提出了较高要求。当前世界经济一体化与教育全球化的趋势促使教师必须转变教学观念，改变人才培养模式。那么，作为语言教学的教师转变自身教学观念、提高自身理论素养显得尤为必要。文化语言学作为语言教学的理论基础，教师必须应深刻研究并认识语言与文化的关系，深入理解文化语言学的理论知识，加强文化语言学理论在语言教学中的应用，以促使语言课程与文化课程更好地衔接，便于学生提高语言学习效率。

其次，文化语言学对教师的语言文化素养提出了要求。一个人的语言水平如何，我们主要通过语言形式和语言内容来判断。语言形式一般是有限的，但是暗含的语言内容，也就是文化内容却是无限的。那么，我们就可以说，一个人表达的语言文化内容越丰富，那么这个人的表达能力就越好，语言水平也就越高。而语言文化内容的丰富体现了一个人文化素养的高低。因此，一个人高水平的语言表达取决于他们自身的文化素养。在语言教学中，文化的作用就显得更加重要。由此可以看出，作为语言教学的教师不仅要具备扎实的语言功底，而且必须要具备很高的语言文化素养。所以说，语言教师必须要重视自身语言文化素养的提高，不断加深对自己国家和目的语国家的文化的了解，包括各个方面，如政治、经济、文学、宗教等，还包括各个历史时期的文化。

最后，对教师的教学实践能力提出了更高的要求。文化是一个开放性的系统，其包含内容众多，信息繁杂。其中，语言也属于文化的一部分。在语言教学中，我们如何推断出文化中与语言有关的那部分内容，如何将这部分内容列入教学内容，并在具体教学中讲授这些内容，都对教师的教学提出了更高的要求。语言教学本身是有步骤、有计划的，但是语言教学中的文化语言学学习却是无意识的、随机的。如何更好地实现文化语言学理论知识的讲授和运用，就要求教师不断地提高自己的教学能力，掌握驾驭课堂教学的能力，根据课程内容和学生的实际将文化语言学理论有效地应用于自己的教学实践之中。

二、文化语言学理论在英语教学中的应用策略

（一）显性文化教学法

显性文化教学法是一种相对独立于语言教学的、较为直接系统的、以知识为重心的文化教学方法。在培养学生的跨文化意识时，运用这种方法将会取得较好的效果。因为对我国学生来说，学习英语主要是在汉语环境中进行的，所以比起让学生在课堂学习的过程中自然地获取异文化的知识，显性文化教学法更加省时、高效。显性文化教学法会直接明确地介绍外国文化，这有利于减轻学生因为对异文化不熟悉而产生的困惑，这种方式也是培养跨文

化交际能力的基础。对于文化教学中那些相对独立于语言教学的自成体系的文化知识材料，运用这种方法可以供学生随时自学。

　　运用显性文化教学法一般可以采用两种模式：一种是在语言课程之外开设专门的文化课程，如"英美概况""英美文化""跨文化交际"等，向学生直接、系统地教授英语国家的历史、地理、制度、教育、生活方式、交际习俗与礼仪等有形的文化知识；另一种是在语言课程中"导入"与"语言点"相对的"文化点"，这种文化导入通常是结合阅读课文或听力对话等语言知识的学习，所以其与第一种模式相比更缺乏系统性。

（二）隐性文化教学法

　　随着教学思路与方法的不断变革，英语教学与英语文化教学逐渐也开始融合。这样英语文化教学不用单一地讲授文化知识，而是可以在真实的交际情景中自然地习得文化，是一种"通过实践来学习"的方式。这种融入语言学习之中的、较为间接、相对分散的、以行为为重心的文化教学法就是隐性文化教学法。

　　隐性文化教学法特别强调语言教学与文化教学真正的有机结合，提倡"通过实践来学习"，以填补如何教授外国文化的隐形内涵这一空白，特别是隐含在语言使用中的文化知识和话语规则。此外，隐性文化教学法还很注重学生的个体需求，常常根据学生的实际情况进行有针对性的教学。

（三）"交际—结构—跨文化"模式

　　文化知识教学的常见模式就是"交际—结构—跨文化"模式，这一模式与中国人的英语教学习惯相符合。在英语教学中，中国的大多数学生都是以汉语思维展开的。这种认知与思维方式与英语学习的规律不相符。心理学家指出，事物之间的差异越大，那么就越能对人类的记忆进行刺激，"交际—结构—跨文化"模式能够从英语学习的全过程出发，展开认知层面的刺激，在教学的各个阶段，这一模式都对学生的目的语思维模式产生影响。

1.交际体验

交际体验即让学生掌握一定的交际能力，通过运用英语展开交际。交际能力是人们为了对环境进行平衡而实施的一种自我调节机制。通过这种交际体验，能够不断提升学生的交际能力。在交际过程中，交际双方需要建立在一定的语言交际环境的基础上，不断熟悉和了解交际双方的背景知识，从而将交际双方的交际技能发挥出来。我国的英语教学需要为学生营造能够进行交际体验的环境，这样才能形成一种双向的互动与交际模式。

2.结构学习

结构学习将语言技巧作为目标，将语言结构作为教学的中心与重点内容，从而利用英语展开教学。语言具有系统性，语言教与学中应该对这种系统性予以利用，找到教与学中的规律，实施结构性学习方式。

结构学习要对如下几点予以关注。

第一，对学生的英语结构运用能力进行培养。

第二，对学生的词汇选择与创造力进行培养。

第三，对学生组词成句、组句成篇能力进行培养。

第四，对学生在不同语境下的交际能力进行培养。

3.跨文化意识

跨文化意识是将对文化知识的了解与熟知作为目标，以利用英语为学生讲解文化习俗方面的知识。要想具备英语文化知识，学生不仅要对英语国家的历史与文化活动有所了解，还需要对相关文学作品进行研读，同时还要了解相关国家的风俗与习惯，从而形成对西方文化学习的热情与兴趣。久而久之，英语教学就成为一种对文化的探索教学，从而激发学生的学习兴趣，提升学生的学习效果。

这一模式要求教师在整个教学中需要对中西方文化进行对比，从而培养学生的跨文化意识。

第八章　社会语言学理论及其教学应用探索

　　社会语言学是研究语言与社会之间关系的学科。它包括两个方面，即语言与社会。语言可以影响社会，社会也可以影响语言。社会是一个复杂的体系，语言也是一个复杂的体系。语言的社会功能、使用语言的不同方式、语言的变迁、语言的变体、语言的层次以及它与政治、社会、文化、教育、法律、人口、心理以及交际等方面的关系都属于社会语言学研究的内容。当前，我国部分院校英语教学内容脱离实际，普遍过于重视英语技巧的练习，而对学生交际能力的培养重视程度不足。要想改善当前教学现状，就应对社会语言学进行充分利用，将社会因素与英语教学方法相结合。基于此，本章首先对社会语言学理论进行分析，并探讨这一理论在英语教学中的应用。

第一节　语言社会研究与社会语言学

一、语言社会研究

　　语言是一种社会现象、一种文化现象。语言是人类社会所特有的。任何时候、任何地方，只要有人类社会，就必然有语言。语言有两个功能：一是传递信息，二是建立和保持人际关系。第一个功能比较好理解，而第二个功能有时就容易被忽视。每个人都有自己的同事、朋友、邻里、亲戚、家庭，有时见了面彼此会打个招呼，如吃饭了吗？你去哪儿？天真冷（热）！回来了？等，说这类话并不是为了真正了解信息或传递信息，而是一种保持人际关系的寒暄。

语言与社会的关系是相互影响的关系。语言可以影响社会，说同一种语言的人往往对外部世界的认识方面有其共性。反过来说，语言的差别可以导致人们对事物看法的差别，因为语言是一种文化现象，来自不同社会的人，对同一事物持有不同观点。中国封建主义社会之所以可以持续几千年，应当说语言对社会的影响是其中重要的因素之一。例如，"三纲五常"曾长期束缚人们的头脑，深刻影响着封建社会的人际关系。欧洲许多国家在其资产阶级革命时期提出的"自由、民主、平等、博爱"等口号，也深刻地影响了那里的社会变革。各种语言之中都有其丰富的格言、谚语，这些格言与谚语无形中影响了人们的思维取向、行为准则与道德标准。例如，中国格言"和为贵"（Peace is valuable.），英国格言"美德固可贵，赏识美德亦难能"（Next to excellence is the appreciation of it.），印度格言"莫与亲戚做生意"（Do no business with a kinsman.），阿拉伯格言"择居先择邻，行前先择伴"（Choose your neighbor before your house and your companion before the road.），丹麦格言"畏问者，耻于学"（He who is afraid of asking is ashamed of learning.），日本格言"智慧与美德如同一辆车上的两个轮子"（Wisdom and virtue are like two wheels of a cart.），巴西谚语"陈列品易褪色"（Goods that are much on show lose their color.）。

从另一方面讲，社会也影响着语言，社会环境也反映在语言之中，其中最显而易见的是词汇。改革开放之后，出现了许多新的词汇，如"脱贫致富""经济转轨""合资企业""牛市""熊市""国际游资""差额选举""电子商务"等。不同的语言有不同的用词。在家庭关系方面，英语中的两个词uncle和aunt不区分是父亲还是母亲方面的，因为他们认为区别maternal和paternal无关重要。而在中国，uncle所指的人可以是伯父、叔父、姑父（父亲方面），也可以是舅父、姨父（母亲方面）。更有意思的词是cousin，连性别都未表示，而在中文里却没有一个对应的词。中文里要表明是表兄、表弟、表姐、表妹，甚至还会清楚到是姑表还是姨表，或是堂兄、堂弟、堂姐、堂妹。

中国也是一个多语言社会，除去普通话之外，还有五十多种少数民族语言。美国更是多语言社会，约有14%的人口的母语不是英语。百万人以上的几个少数民族所讲的语言包括西班牙语800万人、德语640万人、意大利语400万人、法语270万人、波兰语230万人、伊地语（犹太人语）160万人、华语110万人。马来西亚有三种语言最大：马来语（Malay）、英语和汉语，但至今都未能确定哪一种语言能作为国语。据特鲁吉尔认为，全国一千万人口之中，有三分之一的人口讲马来语，三分之一的人口讲汉语，十分之一的人口讲印度的语言（以泰米尔语为主），还有四分之一的人口讲葡萄牙语、泰语以及土著民族语等几种语言。在马来西亚，受教育者往往学习的是英语。因此，要想在事业上成功就需要熟练地掌握英语，要想在行政机构任职，就要懂马来语，要想经商就要会使用汉语。在受过教育的人们之中，公用语（lingua franca）可以是英语，而马来语是懂的人最多的公用语，当地华人讲的汉语因其都是方言，所以在华人聚居区，任何一种汉语方言都可作为公用语。

二、社会语言学

（一）社会语言学的兴起

社会语言学（sociolinguistics）是在20世纪60年代在美国首先兴起的一门边缘学科。它的诞生既顺应了时代发展的需要，又弥补了传统语言学的不足。有些学者倾向于把它称为现代社会语言学，意在指出对社会语言问题的研究远非自20世纪下半叶才开始。但是大多数学者认为，社会语言学被确立为一门独立的学科，获得普遍的承认和繁荣发展的局面才仅有20多年的历史。这表现为不少国家设立了社会语言学的学术机构，出版了大量的专著和文集，在大学里开设了专题课程，培养出一支专门的研究队伍以及召开国际学术会议、出版国际专业刊物等。

（二）社会语言学的性质和特点

社会语言学不仅运用语言学的研究成果，也要运用社会学等学科的理论和方法研究语言的社会属性和差异。因此，从性质上来讲，社会语言学还是以语言学研究为主的。

社会语言学虽历史不长，但在近些年来的研究中形成了自己的一些特点。

1.综合性

社会语言学要借助社会学、人类学等其他学科的理论和方法来观察和研究语言现象和语言问题，因此研究社会语言学的问题既要有语言学方面的理论知识，也要有社会学、人类学、文化学、民族学、教育学等方面的理论知识。社会语言学家还要在研究中努力寻找语言学和其他学科的最佳契合点，这样才能充分发挥社会语言学的综合性优势。

2.应用性

应用性是社会语言学的一个突出的特点。随着社会的发展，各学科的实用性较之过去有很大的加强。社会语言学以来自社会中的活的语言为研究对象，它的应用性就更强了。目前，社会语言学的成果为解决语言规划、语言教育、双语教育等方面的问题提供了大量政策性依据。另外，社会语言学研究成果还在商业、法律、医学、行政文书、文学、美学以及哲学研究等方面有很突出的实用价值。

3.实验性

社会语言学的研究是在联系社会的基础上来研究语言问题和语言现象的，因而社会语言学在研究中就必然要借助一定的社会调查法和科学实验的方法以及现代统计、测量的方法，也必然具有较强的实验性。

第二节 社会语言学的研究内容

一、语言与方言

传统语言学把语言看成是具有划一的语音、语法、词汇规则的符号系统，而方言则是语言的分支。其实在许多地方，语言与方言之间的界限并非依据语言系统的结构来划分。例如，印地语和乌尔都语具有相似的结构，口语相通，可是被认为是两种语言。马其顿语（南斯拉夫的官方语言之一）与保加利亚语的语法系统相同，互相能通话。南斯拉夫人把二者视为两种不同的语言，保加利亚人则把马其顿语视为保语的一种方言。塞尔维亚语和克罗地亚语原本是南斯拉夫的两个部族语言，语法系统相同，文字不同，过去是两种语言，现在南斯拉夫把它们看作一种语言，统称为塞尔维亚—克罗地亚语。从上述的例子中我们不难看出，定名为语言还是方言的关键是社会政治原因。语言具有独立的地位，方言则依附于语言，二者的社会地位是不相等的。因此，我们说语言和方言这两个术语含有社会价值（social significance）。

国外不少语言学家认为我国的方言分歧大，有些方言区的人不能互相通话，因而把汉语的多种方言说成是多种语言。其实，汉语的不同方言都是汉民族语言的地域分支。汉民族构成一个统一的社会，而且有共同的书面语，用社会语言学的观点来审视，也不能把我国的方言看作是独立的语言。从社会和历史的视角去看语言、方言及其他具有完整系统的语言变体，我们可以归纳出四项区别性特征来。

（1）标准性（standardization），指具有全社会所遵循的正式的规范标准。

（2）独立性（autonomy），指具有独一无二的自律性和功能。

（3）历史性（historicity），指具有与有关国家或民族的传统相关联的发展历史。

（4）持久性（vitality），指具有稳定的说该种语言的言语共同体。

二、语言与性别

我们首先要考虑的问题是：为什么需要区分生理性别与社会性别？还有，为什么语言研究对女性主义者有重要意义？我们将通过思考这些问题来建立全书的讨论议程。

社会性别（gender）在所有社会中都是一个重要的划分。它对于人类是极为重要的。对于一个人，生为男性还是女性，这会产生深远的后果。它影响到我们如何立身处世，而这个世界又如何对待我们。这里包括我们所使用的语言以及人们用以谈论我们的语言。我希望本书能使读者对社会性别这个社会范畴更自觉，能够更清楚地认识在性别基础上做出的种种区分；同样重要的还有，认识语言在建立与维持这些划分时所起的作用。在语言学及语言学习中，"语言与社会性别"的标志有时会引起小小的混乱，因为人们很自然会认为，gender是一个语法范畴。但在本书中不是这样的，在我所使用的意义上，性别是社会范畴，而不是语法范畴。

（一）语言学中的性别区分

早期讨论男人、女人和语言的著作，其中所关注的都是"性别区分"。对性别差异的研究是由对人类学感兴趣的欧洲人（以及其他"西方人"）开展的。他们倾向于集中研究音位学与词法—语法学这类"奇风异俗"（如语音模式、词语、句子结构）。对于这种研究，相当一部分聚焦于这一现象：在男性与女性中，存在着不同的代词与词缀用法；无论是作为讲话者、讲话的接收者，还是被谈论的对象，都有这种区别。这种性别区分在源于欧洲的语言中不多见，如在英语与丹麦语等日尔曼语系的语言中，其代词系统只有第三人称单数形式里有性的区别（he/him, she/her或it）。这就是说，当一个人同第二个人谈论第三个人时，这第三个人的生理性别得到具体表示。在诸如法语、意大利语与西班牙语等罗曼语系的语言中，代词系统与上面的相似，其中只是多了第三人称复数，以此标识生理性别。阿拉伯语的口语在第二人称单数（you）上也有生理性别标识，于是，在称呼一个人为"你"时，所使用的代词取决于那个人是男性还是女性。

其他语言也有非常不同的代词系统。日语中存在着不同层次的敬语表达形式，因而十分复杂，当决定使用哪个层次的敬语时，需要考虑你与之交谈的对方的身份地位。这里对代词的选择取决于说话者而不是听者的生理性别。也就是说，如果你是女人，你必须使用"女性"的代词形式；如果你是男人，你必须使用"男性"的代词形式。日本现在看来的确正经历变化。在一些传统的部落社会，男人和妇女使用完全不同的词汇（据说彼此都能理解其"男性"形式和"女性"形式，但不会既使用男性形式也使用女性形式词汇）。这种现象最极端的例子来自南美的加勒比印第安人所使用的语言。当欧洲的探险者们第一次遇到这些人时，他们认为这里的男人和女人讲的是完全不同的两种语言。一个17世纪的作家、旅行者曾这样描述说：男人有非常之多的专有表达，女人能理解它们，但自己绝对不会说。从另一方面来讲，女人也有男人绝不会使用的词和短语，如男人用的话，必会受到嘲笑。因此，看上去就是这样的情况，在人们的谈话中，女人说的似乎是完全不同于男人的语言。

这种语言情景更有可能发生在稳定、保守的文化之中。在这里，男性与女性的社会角色是缺乏变通性的。然而，现在生活在巴西的一个部落卡拉加（Karaja）（其语言在男性用语与女性用语之间的区别，比其他任何语言都多）的人们，目前正在面临影响这个社会各方面的文化变化，这个变化剧烈而深刻。在卡拉加部落的言语交谈中，说话者的生理性别是通过音位来标识的。在男性使用的词汇形式与女性使用的词汇形式之间，存在着系统的语音区别，这种情况甚至发生在从葡萄牙语中借用的词汇里。

传统上，卡拉加部落的说话者对妇女和男人的社会角色有非常明确的定义。讲话中明显不同的男性形式与女性形式起到了划分这两大领域的作用，这是卡拉加部落身份认同的核心方面。由于年轻人现在正在学习卡拉加部落的母语来阅读与写作，于是这两种鲜明不同的形式还会保留持续。其结果导致，在被同化到一个更大的说葡萄牙语的巴西社会的过程中，较之他们直接通过葡萄牙语来获得读写能力，用卡拉加母语有可能使他们避免失去对自己文化的认同感。我们一直思考的这类语言中的性别区分，在20世纪70年代的研究中被归之于性专有（sex-exclusive）区分。一位美国的语言学家安·伯丁（Ann Bodine）最早提出性专有和性优选（sex-preferential）的区别，这个区分流行一时，人们在调查研究中普遍用它们来描述两种不同的特征。与性专有的差异所不同的是，性优选差异不是绝对的，它们只是程度差异。性专有差异在起源于欧洲的语言中相当罕见，性优选的差异则不然。在这本书后面的几章中，我将着重探讨语言使用中的各种性优选模式，而不是我到目前为止所谈论的性专有模式。除了其他方面，这将要涉及的是，考察某些论断，如说妇女使用比男人更"标准"的语言形式（即表达更"准确"），还有如女人在对话中使用的语言风格是合作性的，而男性所使用的语言风格则是基于竞争的。性专有和性优选的差异有着非常具体的文化特性。对于特定文化中的男女，掌握这些差异是学习行为"得体"的重要部分。不能掌握恰当的语言形式和用法，会给这个社会中的个人带来严重甚至是毁灭性的后果。格雷奇恩·福琼（Gretchen Fortune）是一位在巴西做研究的美国语育学家，他与人合作，创造了最早的书写系统，这一系统至今仍在被卡拉加人所使用。他曾讲述过这样的故事：一个卡拉加年轻人，他使用女性语言形式，父母却没有去纠正。一个人与其社区语言规范间发生的这种冲突，意味着他变成了"四不像"，这类人在社区人群中贻为笑柄。尽管对"四不像"本人来说，葡萄牙语为他提供了新的身份和某种解放。

在社会内部，语言上的性别划分可以成为社会斗争场所，它不仅是个人斗争。日语中曾经有过男女专用词语的区分，现在人们就不再使用这些性专有词语了，也就是说，一些过去专有的语言形式，如今已不再是专为某一性所有了。

（二）生理性别对社会性别

生理性别（sex）是建立在生物基础上。它关乎基因、生殖腺以及荷尔蒙。女性的卵细胞含有雌性的性染色体X，而男性精子里或者含有一个雌性的X染色体，或有雄性的Y染色体。从根本上说，你最后是男是女完全取决于你的父亲给你的是一个X还是一个Y。这些染色体决定着生殖腺（胚胎的性腺），决定胎儿性腺是发育成卵巢还是睾丸。胎儿发育到八周左右，带有一个X染色体和一个Y染色体的生殖腺开始产生"男性"荷尔蒙睾酮，从这之后，胎儿开始形成男性生殖器。没有这种荷尔蒙的产生，胎儿按照常态继续成长，即发育为女性。生理性别本质上就是二元合成的。一个人或者是男性，或者是女性。与生理性别比较，社会性别则是社会建构的，它是后天习得的。人们通过学习，掌握被理解为男性气质和女性气质的各种特征。

有一点很清楚：事实上，所谓性专有和性优选的差异实际上都是表现社会性别的各种方式（ways of doing gender）。在特定的文化中，它们是"得体"的男女行为举止的组成部分。如果它们真是属于生物学意义上的性，那就不会如现实中所显示出的那样，有如此显著的多样性。如果仅仅是生物学上的性，那就应该是到处都一样的。因此，把生理性别和社会性别混为一谈，这会导致误解，也绝不会有任何帮助。尽管如此，两性差异在多大程度上是被生理决定的，又在多大程度上由后天习得，人们的看法仍然不同。例如，有大量证据表明，男人比女人更具侵略性。暴力犯罪者男人远比女人多。男人体内的男性睾酮比女人更多，这个事实常被用来说明这种差异（男性睾酮也被称为男性荷尔蒙，它在男性胎儿的成长中起着关键作用，但这种睾酮同样可以在女性体内找到）。

当然，仅凭这个证据远非可以做出研究结论。在高水平的睾酮和侵略性之间似乎有某种联系，但显然不可能凭这一点就来断言：二者之间有确定无疑的因果关系。也就是说，我们不能肯定睾酮使得，人们更具侵略性。毕竟，有许多研究证据记录了这一事实，男孩从来就比女孩更具侵略性，即便在学龄前也是如此；而儿童荷尔蒙发展水平是微不足道的，因此男孩女孩之间侵略性程度的不同，这就不能归之于男女在荷尔蒙上的差异。事实上，还有一些研究显示，可能有其他相关原因：一个人的侵略性可能导致体内睾酮水平的增强。我们的确又处于鸡生蛋蛋生鸡的境地了。而且，问题并没有在这里结束。我们对于侵略性的定义究竟是什么？这个说法之不准确众所周知。

人们的行为模式是在生物结构和社会实践的相互作用下产生的；所以，归根结底，不可能把生物作用与社会作用截然分开。所以，断言生理性别与社会性别在本质上一样，这是个保守的论点。正如安·奥克利（Ann Oakley）所观察的那样，"面临社会变革的形势，生物性的解释可以把自己打扮得如同伦理规范，起到类似于宗教的那种道德说服作用"。对此效应的一个极端的也是滑稽的表达见于杂志上的一篇文章：这篇文章发表于1970年代末，它讨论了被一时视为威胁人性的现象：大量妇女选择工薪自立，而不是固守家庭、依赖丈夫。文章被冠之以这样的标题："野心、压力、权力、工作——是否正在把女人全变成男人？"文中写道："杰出的内分泌专家和医学教授"向妇女发出呼吁："认识自己的局限，不然后悔莫及。"

关于语言直接受生物因素影响的主张，也同样有争议。一直都有大量的研究，其目的是确立大脑能力上与生理性别相关的男女差异。近年来，许多生物社会学家在做这类研究。这是政治上高度敏感的领域。关于认知差异，大有争议的主张是：女人生来就比男人语言能力强，而男人比女人更擅长感知视觉和空间事物。的确有一些被确切记录下的差异。

（1）据统计，女孩比男孩更早通过语言发展的各个阶段。

（2）女孩较少有可能受到与语言相关的障碍干扰，如结巴及阅读困难。

（3）女孩和女人大脑左右半球在功能上其分工不像男孩与男人那样明确化（并非某一侧面有特别优势）。

这意味着语言中心不是专门建立在大脑左半球，女人比男人更多地在右脑进行语言活动。这样的结果是：如果女人的大脑左半球受伤（如中风）她在语言能力上受损的程度可能会比有同样经历的男人要轻缓。以上所述三个差异中，第三点经常用来说明第一点和第二点。然而这里有一个重要问题：我们又进入蛋生鸡还是鸡生蛋的处境了。我们怎能假设脑部偏侧优势的男女差异是天生固有的呢？这个模式对刚出生的婴儿完全不适用。实际上，一些研究者已经发现男孩的大脑没有表现出那么多的偏侧优势。环境影响看来是一种更合理的解释，可以用它来说明男女差异。有大量证据表明，人们对男孩讲话的方式与对女孩讲话的方式是不一样的。例如，我们明显对女婴说得更多。难道不是这一点更有力地激发了运用语言的技能吗？看来这非常有可能。长话短说，已经有过太多研究，全都试图证明妇女和男人的智能有着根本的生物性差异，但结果一直都不能做出这一结论。而我感兴趣的是，人们就是想要找到这些差异。正如英国语言学家德博拉·卡梅伦（Deborah Cameron）所指出的，"对'差异'的研究不只是公正无倚地追求真理，在一个不平等的社会，它不可避免地带有政治维度"。

在处理各种习得的行为，如语言交往行为方面，我们有把握说的只有社会性别化的行为。语言交往明显是习而得之的，试图用天生能力来解释它没有什么意义。在语言应用上有性专有（sex-exclusive）差异的社会里，从词典语法选项范围里做出选择，这就是在表演社会性别。既然男女被迫按照约定俗成的规定采用不同的语言形式，"选择"这个词用在这里或许不恰当。我们可以将这些规定与英语中约定俗成的规定做一对比，如"负负得正"，"决不要用介词结束句子"，或者是"不要说'him and me'"，而要说"he and I"。如果说话者使用了不合适的形式，无论如何，他们会被纠正。然而，与说英语的人违反语法规定的结果相比，违反性专有的语言规定，其结果如今要可怕得多。偶尔也有例外的情况，说话者未被纠正，结果就要承受痛苦，正如我们从福坦在巴西对卡拉加部落语言的研究中看到的那样。社会性别，因而不是生物性的而是社会心理的分别，我们始终应该在人与人之间社会关系的语境中来考虑它。

第三节　社会语言学理论在英语教学中的应用分析

一、社会语言学理论在语言教学中的重要性

社会语言学的实践意义集中表现在以下几个方面。

（1）社会语言学对个人使用语言的特点与语言运用规律展开研究，这对于加强个人语言修养、提高语言应用水平具有积极的推动作用。

（2）社会语言学的研究为制订语言政策提供了理论依据。对社会语言状况进行调查是社会语言学的研究方法之一。在这一过程中，人们可以更好地认识语言国情，从而更加科学、合理地进行语言规划、制订语言政策，并有效解决一些因语言而引起的社会问题。

（3）社会语言学研究为语言教学提供了理论和资料，尤其是在第二语言教学领域表现得最为明显。社会语言学依据不同标准对语言进行分类，并对个人在社会中使用语言的情况进行研究。此外，社会语言学还提出了变化与共核的理论。虽然语体具有丰富的种类，但都包含大量共同的语音、词汇、语法和拼写特征，这些共同特征的总和就是共核。共核为使用某种语言的人所共同接受，是构成各种变化的主体。

社会语言学将语言、语言环境都看作是交际的重要组成部分，这就大大提升了课程计划的科学性。具体来说，制订课程计划时应将语言材料、语言环境放在重要位置，二者具有同等的重要性，不可对任何一方有所忽视，在学习积极运用阶段还应注意二者的平衡。

（4）社会语言学研究还有利深化对社会文化和历史的理解。例如，研究1949年以后词汇的变化情况，尤其是新词的出现、变化、派生、潜藏等语言现象，是探索建国以来社会生活的变动的一种有效途径。可见，正是社会语言学使语言学逐渐深入到人民群众的社会生活之中。换句话说，社会语言学从人民、社会、民族的角度来展开研究，不仅将语言看作是一个国家、一个民族文明程度的重要标志，还根据信息时代的要求来开展语言的研究工作。

二、社会语言学理论在英语教学中的应用策略

（一）交际教学法

自从交际能力概念提出以来，英语教学着重培养学生的交际能力，并且认为交际能力应包括策略能力、话语能力、社会语言能力和语言能力。其中，策略能力指对语言规则系统地掌握。比如，如何在一段对话中表达愿意或者是不愿意，如何在对话过程中转换话题并结束对话等技巧。话语能力，指的是如何正确使用语言并通过语言来做事情。社会语言能力，指的是对语言功能正确使用。语言能力，指的是词汇、语法、语音等知识。语言能够在大脑中内化，并不等同于规定性的单词或规则。

与此同时，课堂上的教学方式及内容都应以交际为中心展开，教师可以组织学生通过角色扮演、分组对话、小组辩论赛等集体活动的方式开展交际教学。交际教学与传统教学法有所差异，教具在教学过程中的应用不只以课本为依据，教师能够结合自身教学理念对课堂进行安排，并且在课堂上学生对话的对象不只是老师，还可以是其他同学。教师在交际教学过程中是活动的组织者，也是活动的参与者，如果学生在交际过程中遇见困难，教师应对其进行指导，从而帮助学生顺利完成活动。除此之外，教师也可以将交际教学法应用在英语水平测试过程中。英语水平测试的目的不只是使学生知道正确的问题答案，而是让学生在针对性语境中，拥有正确的反应策略。一般情况下，英语考试的内容是针对性语境。例如，教师可以在课程开始前，通过多媒体方式向学生展示医生给生病的小朋友诊断的画面，这样一来会调动学生的学习兴趣。

（二）文化教学法

在英语教学过程中，文化教学有着至关重要的作用，学生不应只掌握语法及单词，还应夯实文化基础，为日后就业打下基石。此处提到的文化与狭义上的文化概念有所差异，更加不等同于文化知识。从社会语言学角度出发，文化指的是社会所具备的制度、技能、习惯及信仰等模式。学生只有掌握英语语言的文化背景，才能够通过合适的方式交流。然而，受客观因素影响，我国英语教学过程中缺乏文化背景的教导，此外，因地理位置的限制，导致文化教学存在一定难度。基于此，英语教师应主动承担文化背景教导及语言知识教导的责任，提高对培养学生文化素养的重视程度，在实际教学过程中通过社会化教学方式提升学生交际能力，使其满足当前的社会人才需求。

（三）语篇教学法

语法理论应对语篇进行考虑，而不应被句子限制。语篇教学的出现是因句子不能够满足自然语言中的全部现象。句子语法规律和自然语言之间存在出入，普通描写方法不能够用在语法语篇中进行描写。此外，句子语法不能够对交际因素进行考虑，而语篇教学能够使英语实际教学过程中存在的一些问题得以解决，部分抽象的语法概念也可以通过语篇教学法进行讲解。语篇教学能够使学生提升对语言应用能力的重视，并且掌握英语应用的原则，完成社会交际任务。满足社会交际是英语的基本功能。传统英语教学过程中，教师忽视了对语言基本功能的教导，而过于重视语言形式特征的教学，并且教学单位通常是句子以下形式的单位。语篇教学能够开阔学生的学习视野，不仅能够使其学习到英语的意义及形式，并且能够使其感受到社会因素和英语之间的关联影响，从而了解到英语学习对社会交际的作用。例如，在阅读分析时，教师可采取分段式引导的方式培养学生阅读理解能力；在阅读教学时，教师带领学生，思考全文时可向其提问："Please tell me the meaning of the first paragraph."学生回答后，教师继续提问："You know the meaning of the first paragraph. OK, let's take a look. Can you ask some questions about the meaning of the second paragraph？""Are you going to answer the second paragraph？"教师在带领学生理解第一段及第二段文章的意思后，学生便能够对该文章有了一个初步的理解。教师可通过这一方式来带领学生学习接下来的内容，并且提出相应问题，引导学生回答并复述。全部段落学习完之后，教师可与学生共同将整篇文章复述出来。

第九章　认知语言学理论及其教学应用探索

　　语言与认知关系密切，无论是语言的产生，还是语言的习得，都与认知有着密切的关系。可以说，语言的学习就是人们对语言不断认知的过程。随着语言学研究的深入，20世纪七八十年代，语言学界出现了将语言与认知相结合的趋势，这一趋势促进了认知语言学的产生。认知语言学是从认知视角对语言加以研究的学科，其强调二者的紧密结合，认为语言是认知对世界经验进行组织而产生的。随着认知语言学的研究逐渐深入，其在英语教学中得到了广泛的运用。认知语言学理论认为，人们在理解英语语义的时候，往往会基于自己的生活经验以及认知基础。认知语言学为英语教学研究提供了一个新的路径，能够帮助英语学习者将自身认知经验与英语语言学习紧密结合起来，大大降低英语语言学习的难度。本章就来分析和探讨认知语言学理论及其教学应用。

第一节　认知与认知语言学

一、认知

（一）对认知含义的理解

认知是人类认识客观事物并获取知识的一种行为，它包括记忆、言语、知觉、学习、思维等因素。认知可以说是心理过程的一个重要组成部分，与情感、意志、动机等心理活动共同组成了人类的大脑机制，为人类获取知识和提高能力提供基础。[①]

认知有广义和狭义之分。广义的认知是指人类的能动活动，其范围较广，主要包括感知、想象、记忆、范畴化、概念、判断、推理、语言运用等。狭义的认知是指人类所特有的推理过程，是一种思维形式，是一种解决问题的方式。

（二）认知与语言的关系

1.传统语言观对语言与认知关系的理解

在传统的语言观念中，语言与认知的关系表现在以下几个方面。第一，语言具有客观意义，独立于人的思维之外，词语也具有明确的语义，这种语义可以描述现实。第二，每种物体都具有内在特性，而语言是表现物体内在特性的外在符号形式。第三，语言是一个封闭的、自足的体系。第四，人类主要通过语言的描述来展现对语言的研究，也就是说，人类如何借助语言来描述客观现实情况。第五，语言与认知都是客观世界的一种直接反映形式。

---

① 张莉.服务于"一带一路"的语言规划构想多元话语分析[M].北京：中国水利水电出版社，2018.

2.新的语言观对语言与认知关系的理解

新的语言观认为语言与认知之间有着不可分割的关系，具体表现如下。

第一，认知是语言发展的基础，语言是认知的窗口。只有先认识事物，才能用语言来表达事物。可见，当人类认知能力发展到一定阶段的时候，人类语言才得以产生。也就是说，认知的发展要领先于语言。在一定程度上，人类认知的发展程度决定着语言的发展程度。

第二，语言在很大程度上可以促进认知的发展。通过语言，人类对事物的理解和认知更加深刻。同时，通过语言，人们实现了信息的交流与沟通，增进了交流双方的了解，促进了人们不断进行调整，以提高社会适应能力，从而促进认知能力进一步发展。

第三，人类认知的成果一般通过语言来记载和巩固。人类认知知识主要借助两种方式，即直接经验和间接经验。间接经验即他人的直接经验。人们借助语言将经验记载下来并保存，以得到永久传承。

二、认知语言学

（一）认知语言学的含义

认知语言学是一门新兴的语言学科，它主要是运用认知的观点来解释"语言"与"认知"之间的关系。

对于认知语言学的含义，不同的学者给出了不同的解释。例如，温格瑞尔和施密德认为："认知语言学将语言看成一种认知活动，并将认知作为其出发点，对语言形式、意义和规律进行研究的科学。"莱考夫和约翰逊认为，认知语言学是一种语言学理论。束定芳认为，认知语言学是认知科学的一部分，它融合了认知心理学和语言学，是一门边缘学科。

总体来说，认知语言学认为语言是一种认知活动，是从人的角度出发研究语言的形式、意义及规律，是利用人类的经验和感知来研究语言学的学科。认知语言学强调人类的重要参与作用。没有人类认知能力的参与，语言是无法直接反映客观世界的。[①]

（二）认知语言学的性质

认知语言学是一门对语言进行解释的学科，也就是说，认知语言学具有解释性。它以语义为中心，以语义结构为主要的概念结构。认知语言学并不是区别语言意义、语用意义和百科词典的意义，而主要的目的是揭示语言事实背后所隐藏的规律。

认知语言学重视从自然形态来掌握语言。认知语言学认为，语法是一个庞大的意象图式网络框架。语言使用者借助自身已有的知识、记忆等激活网络框架中的某个部分，以此实现对实际语言的运用。

此外，认知语言学是将语言的普遍性与特殊性相结合的特殊性学科。世界上所有语言都具有某种共性。在共性的基础上，基于各国、各民族文化的差异，各种语言又表现出了各自的特殊性。认知语言学就是在承认这种特殊性的基础上，分析和探讨语言的共性，即语言的普遍性。

第二节　认知语言学的研究内容

一、原型范畴理论

认知语言学视域下的原型范畴理论，是一种高度结构化的、多产的、解析能力很强的辩证认知理论，它是在对经典范畴理论进行辩证否定的基础上

---

① 周敏.反语生成和理解的认知心理探究[J].湖南工业大学学报（社会科学版），2011，16（01）.

取其精华，弃其糟粕，从而实现了卓越的发展和完善。

认知语言学主要深入研究话语事实与人们认识方式、概念结构、语义体系、人类知识、社会文化规约相互之间的关系，以及解释话语事实背后的认识规则，它们都与"范畴"密切关联，概念和范畴相对应，意义是概念化的重要过程和成果，所以范畴（化）理论研究是认知语言学的基本内容或重点所在。维特根斯坦[①]（1953）首次在《哲学研究》中揭穿经典范畴理论第一个主要破绽，即经典范畴具有共同特性界定的明显界限，明确提出了"语言游戏说"，当中一项重要的基本原理就是"家族相似性"，被誉为20世纪现代语言哲学发展的"哥白尼革命"。他还指出：语言是由不同的彼此间有着家族相似性的语言游戏活动所构成的真会，而同时语言游戏活动也是由将语言与语言交织在其间的社会行动所构成的整体。[②]

罗施（1975）以与维特根斯坦的家族相似性为基础，于1975年撰写了名为*Cognitive Representation of Semantic Categories*的论文，提出了概念原型学说，在原型范畴的研究领域中堪称是一个重大突破，他提出了概念主要是由原型来表达的，而人类也是利用原型来认识概念的。同时罗施等心理学家对cup，fruit，bird，furniture，toy，vegetable，clothing，vehicle等概念进行了卓有成效的实证研究。该研究证明了定义边界具有模糊性，还发现了"原型"在范畴化中发挥着关键作用。例如，furniture一词在韦伯斯特英语词典中的定义是movable article used in readying an area as a room or patio for occupancy or use，词典当中只表明了基本特点和作用，并不包括全面的解释。雷·贾肯道夫（Jackendoff）在1985年发表了《语义学与认知》，在第五章中用大量的篇幅专门论述了"范畴化"[③]，并在开头部分指出：划分范畴的能力是认知最基本的一个方面，即判断某一个特殊事件是或不是某特殊范围的具体例子。

---

① 维特根斯坦的"家族相似性"理论指的是，一个家族中成员在外貌上有一定的相似性，但相似程度和角度不同。语义范畴"家族相似性"是指，一个语义范畴中的成员与成员之间具有这样或那样的相似性，但是相似点并非全体成员共有。

② Wittgenstein，L. Philosophical Investigation[M]. Oxford：Basil Blackwell，1953.

③ Jackendoff. Semantics and Cognition[M]. Cambridge：The MIT Press，1985.

　　莱考夫（Lakoff，1987）发表了《女人、火与危险事物——范畴对于心智揭示了什么》一书，总共包含两大部分，第一部分就是关于范畴和范畴化研究。他提到由"女人、火与危险事物"这些词语的相互关联推及范畴化，再推及其共同特性，这一连串的推论完全正常，其依据就是人们对一些事物属于同一范畴的普遍看法。[①]

　　泰勒（Taylor，1989）在《语言范畴化—语言学理论中的原型》一书中，详细论述了原型范畴理论、音位范畴化、词汇范畴化、语法范畴化等理论问题，作为认知语言学的经典作品之一，使得该方向的研究取得相当大的进展。[②]

　　温格瑞尔和施密德（Ungerer & Schmid，2001）在《认知语言学入门》中用大量的篇幅讨论原型和范畴化问题，提出范畴化是指人类会有意识地对周围世界进行分类，进而建立范畴，然后在此基础上形成语言的理解和产出。"人们的绝大多数思维都是在基本层次范畴上展开的，而基本层次范畴又作为一个原型，是人类用以对客观世界进行划分的基础工具"。[③]

　　认知语言学作为一门语言研究的新范式，强调人类在与客观世界进行交流感受和理解加工的过程中产生语言，越来越多的教育者不断地尝试将相关理论应用于教学中。

　　国内外有关认知语言学方面的研究成果始于 20世纪80年代后期，截至现在已形成一支庞大的研究队伍，认知语言学领域的文章和论文也呈现了显著增长。该领域的研究已由引进介绍走向了专题研究，由理论探究进入了实践运用，由基础阐述逐渐深入到对认知的透视研究，这也意味着认知语言学已发展成国内的语言学主要流派之一。在介绍与引进阶段，国内外语院校开始邀请了莱考夫、兰盖克等一些著名代表人物进行访问演讲，产生了很大

---

① Lakoff，George. Woman，Fire，and Dangerous Things：What Categories Reveal about the Mind[M]. Chicago：Chicago University of Chicago Press，1987.

② Taylor，J. R. Linguistic Categorization：Prototypes in Linguistics Theory[M]. Oxford：Oxford University Press，1989.

③ Ungerer，E. & H. J. Schmid. An Introduction to Cognitive Linguistics[M]. Beijing：Foreign Language Teaching and Research Press，2001.

的影响，随之关于认知语言学的介绍和评述性文章逐渐出现。在1988—1998年，我国学术期刊上关于认知语言学的文章不超过15篇，相关专著极少。

吴世雄、陈维振（1996）在《论语义范畴的家族相似性》论文中详尽论述了类属分析对语义模糊所产生的巨大影响，并阐明了人们根据类属分析而得出的语义概念具有"家族相似之处"和模糊性。[①]对德国维特根斯坦学派的原型范畴理论进行了全面的评述之后，提出了一个建立在利奇折中语义分析模式的改进型原型语义分析模式。

2000年以后，原型范畴理论的相关论文数量明显增多，这对我国外语教学理念和研究具有深远的影响。国内学者王寅（2006）在《认知语言学》一书中对原型范畴理论进行了全面的解读，并运用这一理论对比英汉语中基本范畴词在构词中的应用情况。他认为，"概念范畴是指人类在交互感受的基础上对客观事件普遍特征在思维上的归纳，是有由若干普遍集合在一起的基本属性所组成的'完形'概念范畴。"进行了概念范畴化运作以后，形成的概念就以一定方式存在于人们的心灵当中，与范畴相应的概念，在此基础上产生了含义，一些研究者将它作为心智词汇，把意义或心智词汇赋予了相应的语言形式以后，就体现为外部世界的符号，所以人类社会自从有了语言以后，范畴、概念和含义的产生也就与词汇息息相关了。

原型范畴理论是对客观主义经典范畴理论的进一步发展，是现代认知语言学的理论基石，称为现代范畴理论。概念也称为认知，概念是语言范畴化的产物，而概念化则是概念和语义产生过程及其在语言使用中的出发点，是认知语言学的核心所在。人们的认识基于体验，经验开始于概念化，获得概念之后继而产生范畴，概念体系也就是借助概念进行发展建立起来的。而范畴的产生过程其实是指概念的产生过程，也就是意义的产生过程，二者基本上是同步的。一种范畴、概念或意义在一种语言中使用一种词汇将它相对地固化下来，称为范畴或定义的词汇化。对词义的认识与把握，最终要涉及人们对范围的界定与概念的认识。概念化是指主体在对客观世界体验和互动的基础上，对外部事物做出主观分类和界定的智力过程，是一个赋予世界一定

---

① 吴世雄，陈维振.论语义范畴的家族相似性[J].外语教学与研究.1996（4）.

结构、并将之由无序变为有序的理性活动过程，它也是人类理解世界的一种主要手段。因为人类偏向于把同一或类似的事体加以归纳与划分，认为相似的事体如此才合乎经济原则。所以，从家族相似性的这种视角出发，范畴化便是要使同一个类别内诸成员们的相似之处达到最佳程度，也就是使各个类别的诸成员们间的相似之处达到最小程度。因此，范畴化是基于体验的心智过程，概念也可以通过原型加以范畴化，许多范畴主要是通过家族相似性建立起来的。

原型范畴理论的基本观点总结如下。

（1）范畴是依据家族相似性建立起来的概念类别。

（2）范畴成员有典型和非典型之分，他们之间存在相似性和共性特征，彼此构成了一个连续体。

（3）范畴的边界具有模糊性，彼此之间可以相互融合。

通俗来讲，原型范畴理论的实质就是在认识某一种现象时，将这一现象中的某一典型个体作为原型，在保持该典型个体特征不变的情况下，继而去分析这种现象中所有成员的共享性特征和其他个体的区别性特征。基于范畴的基本特征，语言学家一般把范畴分成三个类别，它们是基本层次范畴、上位范畴和下位范畴。概念就好比一个系统，越往上的范畴成员具有的概括性就越强，而内涵则越是抽象，属于上位范畴；越往下的范畴成员含义越具体，比重越大，称作下位范畴。人们的绝大多思维都是在基本层次上展开的，而基本层次又作为一个原型，是人类用以对客观世界加以划分的基本工具。在各种层次的类别中，会有一个最具代表性的基本层次，而人们又可以最直观地把其区分为其他分类，因此罗施把这种范围叫作"基本层次范畴"。在此基础上形成了上位范畴和下位范畴，彼此之间是相对的。

二、认知隐喻

隐喻研究已经引起众多学者的密切关注，一跃成为哲学、语言学、逻辑学、心理学、认知科学、人工智能、教育学等领域研究的中心议题。

（一）认知隐喻的结构分析

隐喻的典型结构为"A is B"（如"独生子是小皇帝"），即用B来喻说A。传统理论常将这类表达视为一种语言修辞现象，自莱考夫和约翰逊出版 *Metaphors We Live By* 之后，越来越多的学者接受了他们的观点，将隐喻正式视为一种认知方式，以一个认知域来认识和理解另一个认知域，且这还是人们认识世界、组织思维、进行推理、建构语言等不可缺少的心智机制，从而形成了"认知隐喻理论"（Cognitive Theory of Metaphor），又叫"概念隐喻理论"（Conceptual Metaphor Theory）。

莱考夫和约翰逊在书中共列举了82条认知隐喻，且将其分为三类：结构性隐喻、方位性隐喻及本体性隐喻。结构性隐喻指隐喻中源域概念的结构可系统地转移到目标概念域中去，使得后者可按照前者的结构来系统地加以理解，如有关"金钱"域中的相关概念可以系统地映射到时间域中，如钱可以被花费、浪费、投入、借用，甚至偷盗等，这些概念也可以系统地用于关于"时间"表达的隐喻中。比如，下面 argument 这个词。

Your claims are indefensible.

He attacked every weak point in my argument.

His criticisms were right on target.

I demolished his argument.

I've never won an argument with him You disagree?

Okay, shoot！If you use that strategy.

He'll wipe you out.

He shot down all of my arguments.

在这些句子中，争论部分是结构化的、理解的、执行的、和谈论的战争。这个词的论点是由战争概念所概念化的。抽象概念论证是在承认战争概念的基础上容易理解的，因为我们充分认识到战争需要描述诸如防御、攻击、目标、拆除等词语。

方位性隐喻（orientational metaphors）的运用诸如上下、内外、前后、远近、深浅、中心—边缘等表达空间的概念来组织另一概念系统。这与我们的身体构造行为方式密切相关。例如，下列短语中小品词的空间义和抽象义具体描述如下。

表9-1　短语中小品词的空间义和抽象义具体表格

小品词	字面义	隐喻义
out	Petrol leaked out of the tank.（汽油从油箱里漏出来了。）	The secret had leaked out.（秘密泄露出去了。）
up	The dog dug up an old bone.（狗挖出了以前埋藏的骨头。）	We dug up some interesting facts.（我们挖掘到了一些有趣的事实。）
off	Wipe the dirt off your face.（把脸上污垢擦掉。）	He wiped the event off his memory.（他把这件事从记忆中抹去了。）

上面几对例句中,第一句使用的是字面义即身体的动作或事物的运动,其中小品词 out, up, off 表达的是空间义, 即分别表示"从某空间流出""使某物向上移动至可视范围""将某物从表面去除";而第二句使用的则是隐喻义,表示"消息从某组织或范围泄露出去""将有趣的事实从某处挖掘出来""将某事从记忆中抹去"。

本体性隐喻（ontological metaphors）,用关于物体的概念或概念结构来认识和理解我们的经验,如可将抽象的概念喻说成具体的物体,可使后者的有关特征映射到前者上去,其中可分为三小类。

（1）实体和物质隐喻（entity and substance metaphors）:把经验视作实体或物质,通过后者来理解前者,就可对经验做出相应的物质性描写,如指称、量化、分类,使其带上某类物质的特征,加以引申,进行推理,分析其相应的原因等。例如,里德（2000）曾提出管道隐喻（Conduit Metaphors）的观点,其核心隐喻为: Ideas are objects。如果我们将心智视为计算机,心智就有了"输入、输出、检索、运算、符号"等隐喻性说法。

（2）容器隐喻（container metaphors）:将本体（不是容器的事物、大地、视野、事件、行动、活动、状态、心境等）视为一种容器,使其有边界、可量化、能进、可出。例如:

Out of sight, out of mind.

（3）拟人隐喻（personification）:将事体视为具有人性就是一个明显的本体隐喻。例如:

His theory explains to us that ...

（二）认知隐喻的工作机制

认知隐喻在我们的日常生活中广泛地被应用，它在帮助我们理解世界各地的抽象概念和丰富我们的表达方面起着至关重要的作用。理解认知隐喻的工作机制是理解认知隐喻的前提。因此，我们有必要研究认知隐喻的工作机制。

莱考夫和约翰逊（1980）认为认知隐喻的工作机制是源域和目标域之间的系统相似性或对应性。温格瑞尔和施密德（2001）认为认知隐喻的工作机制是源域和目标域之间的跨域映射。映射是一种将一个概念（源域）的最典型特征反映到另一个概念（目标域）的操作。换句话说，它有点像手电筒的工作机制。认知隐喻的映射机制实质上是将源域中最显著的特征映射到目标域。

莱考夫和约翰逊（1980）应用符号来定义映射。代表形式是"目标域是源域"（"A"是"B"）。源域通常是一个实质性的、可见的、具体的、涉及经验的概念，我们可以从字面上理解或者已经理解。然而目标域与之恰好相反。现在，让我们以"爱是旅程""LOVE IS JOURNEY"为例。源域和目标域之间的对应关系如下所示。

（1）"交通工具"对应"爱情关系"。

（2）"目的地"对应"共同目标"。

（3）"旅行者"对应"情人"。

（4）"障碍"对应"困难"。

在上面"爱是旅程"这句话中，"爱"是我们渴望理解的目标概念"旅程"是我们在日常生活中熟悉的源域。因此，当两个概念之间存在相似性时，一个概念域（源域）将映射到另一个概念域（目标域）。从上述例句可以得出，我们应更加重视助词的隐喻意义。小品词最典型的特征是空间定向。例如，小品词up具有up的基本含义，但也可以根据认知隐喻理论扩展和映射到其他概念中。还应该注意的是，情绪、身体状况、数量和社会地位等一些抽象概念可以映射为具体概念。

　　莱考夫和约翰逊（1980）指出，小品词up的基本含义up可以映射为四个不同的域，包括情感域、数量域、状态域和社会域。根据我们前面提到的认知隐喻的工作机制，可以归纳出"向上"意义的映射过程。数量域中的increase is up/more is up 有短语动词，如speed up，turn up，pill up。情感领域中的 happy is up/good id up 有短语动词，如 cheer up，live up，bright up。hang up 在状态域中有短语动词，如挂断、挂断、撑起。在情感领域中地位较高的有短语动词，如move up和come up。不同的是，有一些学者声称上升/下降的源域包括情绪状态、数量、道德和可预见的未来事件等典型目标域。在情绪状态下，happy is up/sad is down的隐喻有一些短语动词，如feel up，go down。而在隐喻中，短语动词如up和turn-down，就数量状态而言，more-is-up/less-is-down。目标域中的这两个隐喻通常与上一段中提到的相同。

　　近年来，国内诸多专家、学者把认知语言学的理论应用于二语词汇习得的研究，取得了较好的效果。

三、意象图式

（一）意象图式的概念

　　对于意象图式的概念，不同学者有着不同的观点。约翰逊认为："意象图式是感知互动及感觉运动活动中的不断再现的动态结构，这种结构给我们的经验以连贯效应。"吉布斯（Gibbs）认为："意象图式一般可以定义为空间关系和空间中运动的动态模拟表征。"斯密特（Schmid）认为："意象图式是来源于我们在日常生活中与世界的互动经验的简单而基本的认知结构。"

（二）意象图式的特性

1.意象图式是一种高度抽象的模拟

　　意象图式通过空间关系高度抽象而得，因此大多数意象图式用简单图形表示，如线条。图形本身只是一种高度抽象的心理经验的模拟，并不是意象图式。在解说时，这种图式能给人具体的感觉。由于意象图式是高度概括抽象的结果，因此这种意象图式与许多语域相关联，这些表达意象图式的简图有助于记忆与意象图式有关的语言表达。[①]

2.意象图式属于语域的范畴

语域是认知语言学中的一个重要概念，是指刻画语义单位特点或描写概念特征的认知语境。绝大多数概念都蕴涵其他概念。例如，我们定义"手指"时，会提及"手"；我们定义"手"时，会提及"胳膊"。可以说，"手"是"手指"的语域，"胳膊"是"手"的语域，"空间""时间"和"运动"是"身体"的语域。意象图式是一种语域，是语域的一个下层范畴，因此意象图式与语域一样，可以组织概念。

3.意象图式具有正负参数

绝大多数意象图式都可以在表达隐喻意义时呈现出肯定或否定的意义，这被称为"正负参数"。例如，在意象图式中心—边缘中，中心具有肯定意义，边缘则具有否定意义；在意象图式平衡中，保持平衡含有积极意义，失去平衡含有消极意义。[②]

4.意象图式具有静态与动态特征

意象图式可以呈现出静态与动态两种特征，绝大多数意象图式既表示一种状态又表示一种过程。例如，我们从A点向B点运动时，我们以一种动态的形式经历路径的意象图式，但是从A点连接B点的道路是静态的路径意象图式。意象图式平衡也是一样，表示状态时是静态的，balance是名词；表示

---

① 李宏德.中青年学者外国语言文学学术前沿研究丛书汉英时间表达异同及其理据研究[M].北京：外语教学与研究出版社，2017.

② 吴为善.认知语言学与汉语研究[M].上海：复旦大学出版社，2011.

动作时是为了保持平衡，是动态的，balance是动词。[①]

四、语法化

（一）语法化的概念

认知语言学的基本原理为"现实—认知—语言"。在现实生活中既有实体，也有虚体。实体就是实实在在、看得见、摸得着的事物；虚体就是虚的，即看不见、摸不着或假设的事物。现实生活中有实体和虚体，在认知中也同样存在实化和虚化的问题。

语法化是一种认知手段，认知的结果就是把语言现象进行语法化处理，即把原来实实在在的词或者短语，甚至句子，都虚化为语法形式，也就是实体虚化。总之，语法化的过程就是从实词向虚词演变，或从一个实词演变为一个具有语法功能的虚词。

王寅将语法化定义为："从认知角度阐述语言中原来实意性词语和表达式（以及典型概念结构）在语言发展过程中逐渐演变虚化（或显性）成为稳定的语法标记或手段、抽象语法构造或惯用表达的过程和结果。"

（二）语法化的运行机制

1.重新分析

重新分析是导致语言演变的一个重要因素，它指的是从旧的结构演变出新的结构，也就是说，在语言演变的过程中，语言的表层结构不变，通过改变其深层表征，使其在语义、句法和形态方面产生变化。或者说，一个词语

---

① 郭莉莎，赵艳梅，胡佩迦.基于"三一语法"和本体研究的对外汉语教学以"被"字句喝"了"
  为例[M].成都：四川大学出版社，2017.

或一类词语表层形式没有明显变化，但其内部的结构关系却发生了变化；通过对旧结构进行重新切分，从旧结构中产生出新的结构。兰盖克将重新分析定义为：表达结构或表达式词类方面的变化不涉及语言表层结构直接或内在的修改。"重新分析"不改变句子的表面结构，但不同的意义理解却改变了句子的内在结构。

2.类推

类推会改变表层结构，但它不会影响规则的变化，尽管它影响了规则在语言系统或社团内的传播。类推使表层结构发生了变化，但它并没有改变名词复数的这个规则。

重新分析与类推两种运行机制是有区别的。第一，重新分析不会改变表层结构，但会受到认知的影响而改变其内在的结构；类推会改变表层结构，但不改变规则。第二，重新分析与听话人相关，因为听话人会根据自己的理解对表层结构进行重新分析或组合；而类推则与说话人相关。第三，重新分析是隐性的，并不通过表层结构的变化而体现出来；而类推是显性的，可通过表层结构的变化而呈现出来。第四，重新分析是在横组合中进行，而类推则是在纵聚合中进行。第五，重新分析会产生新的语法结构，而类推却不会产生新的语法结构。

（三）语法化的特性

语法化具有自身独特的特性，具体体现在以下几个方面。

第一，共时与历时。语法化现象主要属于历时研究，也就是历时演变。正如现在很多学者所说的那样，仅在共时层面上研究语言是不完整的，但仅在历时层面上研究语言也是不完整的。那么，只有把共时与历时结合起来研究语言，我们才认为比较全面。

第二，渐进与突变。语法化演变是一个漫长的过程，它不像有些新词新语，如果制造一个新产品，就可能产生一个新词汇，之后大家就知道了，不需要历时发展的演变过程。因此，语言变化最慢的就是语法，从理论上讲语法化的过程应该是渐进的，而不是突变的。这个渐进的路线就叫"斜坡"，表示慢慢变化的过程，而不像陡峭的山崖是一个突变的过程。但现在由于信息传播很发达，也不排除有语法突变的现象，如"被就业"这种表达传播就非常快，几乎没有渐进变化的过程。

第三，抽象与程度。所谓虚化，就是从实到虚。既然从实到虚了，那就抽象了，变得抽象后还可能变得更抽象，那么在这个变化的过程中就有一个程度的区分问题。

第四，普遍性与重复性。语法化是普遍存在的，也就是说，各种语言中都存在语法化的现象。重复性指的就是使用频率高；如果一个语言形式单位不反复使用，或者使用频率不高，它就不可能固化为一个语言表达单位，不可能被大家接受。

第五，方向性与循环性。语法化的方向一般是从实到虚、从繁到简、从长到短，其目的是语言使用的经济性原则。但也存在反方向的现象，如古代汉语与现代汉语就能反过来，前者表达简洁，所使用的字数少，而后者的表达一般比前者烦琐，所使用的字数比前者多。因此，古代汉语与现代汉语之间就是一个反方向发展的现象。

第六、隐喻性和转喻性。在语法化的过程中，从实到虚的过程实际上就是转喻思维的过程，如be going to，它本来表示正在发生的行为动作的某一段，现在用它来表示将来；用某一部分代替了另外一部分，即部分代部分，就是转喻。

第七，象似性和程序性。语法化或者词义的变化遵循了一个从具体到抽象的认知规律，换言之，人类认识世界是从具体到抽象，那么最初认识的是人，然后才是物。当物应用了人的特征时，就叫拟人化，因此名词都有性、数、格。德语、俄语、法语的名词都有性，即阴性、阳性、中性，因为人有男女之分。据此，人们就想象所有的事物都应该是有生命的，所以就赋予了事物以生命，这就是拟人化的机制在头脑中的反映。那么，语言中的拟人化就是人类认知事物的结果，人们把对人的认识转嫁到了对物的认识上，于是语言中就出现了很多拟人化的表现方法。

第三节　认知语言学理论在英语教学中的应用分析

一、认知语言学理论在语言教学中的重要性

认知语言学对语言教学的积极意义主要表现在驱动教学进程、提高教学活力和丰富教学活动三个方面。

（一）驱动教学进程

传统的语言教学注重言语能力，将重点放在传统语法与生成语法两个方面。在这种语言教学模式下，学生经过培养后，其书面语言能力较高，但是语言交际性与应用性较差。

认知语言学的相关研究能够驱动语言教学的过程。通过解释日常语言现象，为语言现象提供相关理论依据，促进传统教学内容改革。①第一，整合学生大脑中的分散知识，让知识聚集，构建成完整的知识网络框架，促进学生正确理解知识，提高知识记忆效果。第二，通过整合知识网络框架，提高学生提取知识和应用知识的能力，提高语言使用便捷程度，从而提高学生语言思维能力。第三，分析学生学习中出错的原因，帮助学生探讨语言错误下的深层知识，让学生更全面地掌握知识。

---

① 唐利芹.大学英语教学法探索与教学实践研究——评《当代大学英语教学的认知研究》[J].林产工业，2019，56（10）.

（二）提高教学活力

认知语言学提高语言教学活力，主要表现在能够提升传统教学中对比分析的活力。通过对两种语言进行对比分析，充分了解语言学习的困难，并且有效估测困难。

人类的语言是对现实世界的认知结果和认知过程的反映。人们体验世界、认识世界的方式与视角不同，那么在脑海中所形成的概念体系与认知结构也就不同。

语言学习和母语学习存在很大的区别。语言学习滞后于母语学习。也就是说，在进行语言学习时，学生已经具备了一定的母语基础知识和概念系统。因此，在学习新语言时，就会受到母语系统的影响。这时就需要对新的语言知识进行整合。

一般来说，母语系统可以发挥媒介的作用。为了促进学生了解并掌握目标语的相关概念，教师可以采用对比分析的方式，促进学生对母语的中介作用从"无意识"向"有意识"转变。[①]通过认知框架下的对比分析，学生能更加深刻地了解语言的概念与范畴，并对语言知识进行有效重组。总之，这种教学方式促进了语言教学活动的开展，有利于提高教学的活力。

（三）丰富教学活动

认知语言学重视语言的体验性，认为人的身体是客观世界与人类认知之间的中介。语言学习的过程具有体验性。依据这种理论，教师可以设计各种教学活动，在语言教学课堂上，引导学生使用肢体动作对语言概念进行解释与体验。此外，认知语言学强调人的身体是构建语言意义的基础。语言的意义来自人的体验。在语言教学过程中，教师通过手势和意象的方式展现语言结构，有助于激发学生对语言的认知，促进学生对知识的吸收与理解。[②]

---

① 丁丽红，韩强.当代大学英语教学的认知研究[M].北京：中国书籍出版社，2018.
② 张秀萍.认知语言学理论视角下英语教学新向度研究[M].北京：中国商务出版社，2018.

二、认知语言学理论在英语教学中的应用策略

（一）认知语言学理论指导下的语言教学目标

认知语言学认为，语言由大小不一的构式单位组成，学生通过接触语言材料进行构式学习。因此，在认知语言学理论指导下，语言教学应将帮助学生熟练掌握各种构式为教学目标。以往传统的语言教学侧重词汇和语法，将二者割裂，忽视词汇与语法之间的联系，以及二者连续的表达模式和规约性表达，影响了语言的流利使用程度。然而，认知语言学认为，应以构式教学为中心，重视预制词块或多词单位的地位。"词块"即词与词的组合，是一个多词的单位，一般指出现频率较高、形式和意义较为固定的结构。基于词块的固定性，在教学过程中，学生可以反复练习这些词块，从而加深对单位的理解与使用。

以词块的方式进行词汇教授能促进学生了解词汇的搭配和用法。同时，由于词块在结构和语义上带有整体性，因此学生掌握一个词块就能掌握多个相关的词语，具有较高的语用功能。

此外，认知语言学重视语言构式的作用，主张将构式的形式与意义相联系。认知语言学认为意义与形式之间有据可循，能为解释各种语言现象提供依据，因此语言系统的任意性就降低了。与传统语言教学相比，认知语言学提出了探索意义与形式的理据，拉近了语言形式与意义的关系，增强了语言学习的理据性。[①]

（二）认知语言学指导下的语言教学内容

认知语言学指导下的语言教学通过认知机制进行自下而上的学习，强调语言输入方式和频率对语言习得的重要性。因此，在认知语言学理论指导下，语言教学应该将不对称频次输入纳入教学内容。

---

① 丁丽红.认知语言学在大学英语词汇教学中的应用研究[J].教育教学论坛，2019（36）.

在语言学习过程中，输入的频率影响学生语言构式学习的速度，输入的顺序与分布决定着学生学习语言构式的频率。有研究表明，不对称频次的输入对于学生学习新的构式更加有效。不对称的频次输入是指在语言输入中目标构式的典型成员出现的频率要比非典型成员的出现频率高。

在语言教学中，教师可以依据教学目标调整目标构式的输入顺序、分布、频率，然后以分级的形式输入语言。先输入高频重复的典型成员，然后输入低频出现的非典型成员。其中，输入典型成员是学生建构语言的基础，能够提高学生对构式的掌握与使用能力。

一般来说，大多数自然输入都属于不对称频次输入。在语言教学过程中，教师需要为学生提供更多日常交际材料，从而保证语言输入的自然性。

（三）认知语言学理论指导下的语言教学活动设计

1.体验性教学活动设计

体验性教学活动设计从以下几个方面展开。第一，引导学生预习语言知识，保证教学活动顺利展开。第二，在课堂上，教师依靠多种方式呈现语言材料，引导学生自主发现和归纳语言规律，促使学生学会如何运用规律，从而帮助学生建立语义辐射网络，最终通过语言实践总结出不同的语言构式使用方法。第三，教师引导学生运用丰富的肢体动作对语言中的概念化知识进行体验。认知语言学强调人的身体在建构语言意义中的重要作用，突出了其基础性影响。将语言结构以手势和意象的方式加以重现，能够激活语言与动作间的关联，促进学生加深对知识的理解与记忆。体验式活动可以通过多种渠道展开，如话剧、戏剧、哑剧表演等。第四，组织对话、讨论、叙述、表演等活动，引导学生在语言情境中掌握语法。第五，为学生安排课后作业，如复现、体会课堂所学知识、听原声带、观看相关视频、查询相关资料、完成书面写作任务等。第六，学生将完成的文章上交。同时，教师可全批也可只批框架，可在纸版上进行批改也可使用软件进行批改。[①]此外，还可组织

———————

① 丁丽红，韩强.当代大学英语教学的认知研究[M].北京：中国书籍出版社，2018.

学生进行相互批改。

2.交际性教学活动的设计

语言是重要的交际工具，进行语言教学和学习的最终目的是让学生学会运用语言，具备语言使用能力。因此，认知语言学理论指导下的语言教学活动也需要重视交际的影响作用。在进行具体交际性教学活动设计时，应遵循循序渐进原则，即在语言交际学习初级阶段，应设计比较简单的语言任务，让学生将注意力放在语言要素上，伴随学生学习能力的提高，逐渐增加交际活动的难度，让学生将注意力放在语言交际任务上，从而促进语言能力的发展。

具体来说，交际性教学活动的设计可以采用以下几个措施。第一，使用交际型语言教学模式。交际型教学模式是指一种多极主体间的认知交往活动。在语用交际过程中，师生之间、学生之间、师生或学生在不同场景之中发生着频繁而密切的联系。第二，使用非语言交际教学模式。非语言交际行为是人认知的反映，在具体的交际场合中，能呈现出不同的交际含义。因此，在语言教学中也需要注重非语言交际教学模式。

此外，教师需重视跨文化非语言交际教学。具体来说，教师在教学中需要重视以下几个方面。第一，介绍和讲解语言文化中非语言交际行为与手段的表现、含义、功能及其与学生母语文化非语言交际行为和手段之间的差异和冲突，帮助学生正确看待文化上的差异。第二，强调语言教学内容中涉及的语言交际和非语言交际之间的关系及非语言交际的作用，让学生掌握正确处理语言交际行为与非语言交际行为的方法。第三，将课文中出现的非语言行为和手段列入课后生词、例句注释中，也可以在课后练习中设计相关题目。第四，组织跨文化非语言交际专题讲座，进行对比教育。第五，利用多媒体教学手段，如电影、电视、录像等向学生展示目的语文化中的非语言交际行为和手段。第六，在教学条件允许的情况下，专门开设非语言交际相关课程，系统开展非语言交际教学。第七，以小组活动的形式开展非语言交际的课题讨论，发挥学生的自主学习能力，通过自主探究扩充非语言交际知识。

第十章　应用语言学理论及其教学应用探索

　　应用语言学这一名称是1970年由波兰著名的语言学家博杜恩·德·库尔特内（Baudouin de Courtenay）提出的。在他的著作中，应用语言学是基于理论语言学来说的，其对象主要是将理论语言学的知识应用于其他领域来解决具体的问题。虽然人们对应用语言学的理解不同，但是可以确定的一点是：应用语言学这门学科指的并不是语言理论方面的研究，而指的是语言应用方面的研究。简单来说，应用语言学是在各个领域中的实际应用。在开展语言教学的过程中，应该重视应用语言学的指导意义，从而不断提升教学的效果与科学性。这是因为对于语言教学来说，应用语言学不仅能够加深人们对于语言本质的理解，还能够提升人们对语言教学本质的理解与认知，从而帮助教师做出一定的判断。本章就从应用语言学的基础知识入手，探讨应用语言学理论及其教学应用。

第一节　语言应用研究与应用语言学

一、语言应用研究

语言是人类重要的交际手段与工具。基于语言，人们可以沟通与交流，社会才得以进步。在语言出现之后，人类与语言的研究也给予了过多的重视。由于语言涉及多个层面，因此不同民族、不同目的下的语言也存在着差异，从而导致多个语言学科产生。应用语言学就是在这样的背景下产生的。

在时代的发展背景下，语言的范围在不断扩大，这不仅使语言的交际功能得以提升，还使人类的语言研究更为丰富。当然，科技的发展对语言也提出了新的要求，因为计算机的使用使得人类不断利用其对语言进行处理，建立了语言信息系统，这就使得语言文字出现了新的活力。

另外，社会一体化进程的加快使得人们对语言应用展开分析。众所周知，语言是基于一定的语言使用规则产生的，带有一定的标准性与规范性。但是，人类如何制订标准，如何制订符合语言、可行的标准，就需要语言学家进行深入的分析和研究，从而使这些研究与语言的发展规律相符。

语言应用研究具有如下意义。

（一）有助于提高语言交际职能

当前，人们熟知的交际手段有口头交际与书面交际，但是口头交际是人们最初使用的手段，后随着文字不断产生，又出现了书面交际，这就导致了语言的应用范畴在不断壮大，而这一壮大主要有如下三层意义。第一，就表现形式而言，导致不同语体的产生，有助于满足不同情况下表达的需要。第二，就时间层面而言，有助于将语言的应用传承下去。第三，就空间层面而言，有助于将语言传向更远的地方。因此，对语言应用的研究使语言交际功能不断提升。另外，随着科技的进步，语言也在不断扩大。

（二）有助于提高语言教学能力

开展语言应用研究有助于语言教学从传统教学模式转向新型教学模式，从而提升语言教学的能力。我国传统的二语教学重视阅读与写作，在教学模式上也往往是"听课—课下背诵"的模式。但是到了今天，人们对语言研究的不断加深，找到了更加适合的方法，除了对阅读与写作重视外，二语教学还需要重视口头表达等。

（三）有助于语言研究本身的进步

提升语言交际职能、提升语言教学能力、促进科技发展、推进社会一体化进程都需要对语言进行应用研究，并且是从新的视角出发对语言进行研究。在研究中，研究者除了对研究方法、研究工具等进行创造，实际上这些新的方法与工具本身也需要进行研究。就方法层面而言，需要弄清楚如何采用专业的仪器对语言进行分析、如何运用计算机来处理语料、如何提升广告语的效果、如何评估语言教学的质量等。因此，对语言进行应用研究有助于促进语言研究本身的进步。

二、应用语言学

（一）应用语言学的定义

应用语言学是语言学知识在各个领域中各种不同应用的总称，它研究语言如何得到最佳利用的问题。狭义地讲，应用语言学主要是指语言教学。广义地讲，它所涉及的领域则很多。由于应用语言学涉及较多其他领域，对这门学科进行统一规范的定义非常困难。尽管如此，国内外应用语言学家还是对相关概念提出了自己的看法。由于最初英、美等国通过建立应用语言学专业或学院，推广英语学习及教学以促进教育发展，因此部分对应用语言学的定义局限于其狭义的范围内。例如，威多森（Widdowson，1990）将应用语言学定义为"在语言与学习领域中，探讨、研究教学原则的形成和如何有效地进行教学实践的活动或过程"。①

（二）应用语言学的基本特点

1.系统性

应用语言学涉及许多要素，狭义的应用语言学涉及语言理论与描述、语言学的相关学科以及教育学的相关学科。这些要素都有各自的研究任务。例如，第二语言习得研究语言习得或学习的内、外部因素和习得过程等；教学法提供语言教学的具体步骤和实施过程；语言测试检测语言习得或教学的效果和程度，各要素都有自己的研究目的，但又相辅相成。应用语言学作为一个系统，有其明确的研究目的。应用语言学的时间性程序表现在其动态性上，应用语言学理论和对语言的描述的状态是相对的，其理论和研究是不断发展的，从应用语言学的发展历史我们可以看出其动态性。同时，应用语言学中对某些对象的研究也需要时间性程序，如对某一教学法效果的验证需要较长时间的观察、收集数据以及对数据的验证。

2.综合性

语言学在它的发展过程中和许多学科建立了联系。在古代，语言学还曾是哲学的一部分，而现在语言学仍与哲学有很密切的关系，同时语言学还与历史学、文学、逻辑学、心理学以及社会学等学科保持着密切的关系。而且，随着科学技术的不断发展，语言学已不仅和社会科学有紧密的联系，还与数学、信息科学、计算机技术、自动化技术等自然科学发生了密切的联系。所以，我们说目前的应用语言学已成为一门综合性很强的学科。

---

① 刘涌泉，乔毅.应用语言学[M].上海：上海外语教育出版社，1991.

3.跨学科性

早期的应用语言学以语言学理论为基础，逐渐发展到一个综合多元学科、具有交叉学科性质的应用型研究。

在理论层面，应用语言学虽有其独立的理论基础，但由于其研究范围广泛，涉及社会语言学、认知语言学、心理语言学、教育学等领域的理论，它并不是全部照搬这些领域的理论，而是通过研究、实践，对其他学科理论进行综合、提取、吸收。

在学科框架层面，研究语言教学的基本原则时，需要用到语言学科、与语言学相关的学科以及某些教育学的分支学科；语言评估和测试涉及计算机科学和教育统计学与测量学。而广义的应用语言学研究框架为语言规划、语言教学和语言信息处理。无论是狭义的还是广义的应用语言学研究框架都体现出其跨学科性，各学科都具有不同的结合点，之间又相互作用和渗透。

三、应用语言学的研究范围

应用语言学是一门跨学科的科学，几乎涵盖了所有涉及语言的领域。狭义的应用语言学仅限于对语言教学和学习的研究。从广义上讲，应用语言学涵盖了所有问题驱动的与语言相关的领域，其研究范围从应用语言学研究的重要议题可见一斑。从研究范围来看，应用语言学具有较强的包容性和综合性，越来越注重吸收语言学及其各分支学科的理论和研究成果来解决与语言相关的问题。

（一）狭义的应用语言学

狭义的应用语言学专指把语言学理论应用于语言教学（包括本族语教学和外语教学）。语言学习、语言教学、教学方法等是语言教学过程中的重要要素。

1.语言学习

如上所述，语言分为母语和第二语言，语言学习可分为第一语言习得和第二语言学习。第一语言习得指儿童习得母语的过程，包括语音、词汇、语法、语用等层面的习得。

关于儿童如何习得母语，研究者提出了不同的理论予以解释，其中主要有行为主义、天生论、认知发展论和语言功能论等。行为主义强调刺激和反应的连接，认为语言学习是语言习惯养成的过程，是模仿、强化和操练的结果。儿童在习得母语的过程中是被动的语言信息接收者，语言环境决定语言的习得。天生论则认为，儿童天生具有语言习得机制，具有关于语言的普遍知识，语言环境只是起到催化剂的作用。在语言习得过程中，儿童运用有关语言的普遍知识不断地提出关于语言的假设、验证或修订原有的假设，从而习得母语。

认知相互作用论认为，学习者在会话中，通过意义协商，可以获得可理解性的语言输入，还可以有语言输出，为最终习得语言形式提供充分必要条件。信息加工理论强调选择性注意的作用，认为第二语言学习是一种复杂的认知技能的学习。

有研究表明，儿童和成人将英语作为第二语言学习时，掌握进行时先于掌握过去时，掌握名词复数先于掌握名词所有格等。

2.语言教学

语言教学可以界定为任何产生学习结果的活动，如"正式的讲授和训练方法、个性化教学、自学、电脑辅助教学、媒体教学"。总体来讲，语言教学可以分为语言知识教学和语言技能教学。

（1）语言知识教学，根据语言知识的三个层而，即语音、词汇和语法，语言教学可分为语音教学、词汇教学和语法教学。

语音是语言存在的物质外壳和物质基础。语音教学不仅要注重单个语音的准确性，更要侧重于重音、语调和节奏等超音段要素的学习。中国英语学习者在语调学习方面普遍感到困难。这就需要教师在语音教学过程中尽量选择自然真实的语音教材，让学生身临其境，感受英语的语调和节奏美。

词汇是语言的建筑材料，词汇学习是语言学习的关键。词汇能力包括各种词汇知识以及在具体语境中运用词汇的能力。

语法是语言的组织规则，其实质是用形式化、程式化手段来组织语义、语用信息。语法规则能帮助第二语言学习者对输入的语言材料更好地进行切分，从而达到准确的理解。

（2）语言技能教学。语言学习也是五种技能的学习：听、说、读、写、译。语言教学课分为听力教学、口语教学、阅读教学、写作教学和翻译教学，具体方法将在本章第三节讨论。

3.语言教学法

语言教学是为语言学习服务的，有效的语言教学必然促进和加快语言学习进程。19世纪以来，随着心理学的发展和语言学流派的不断涌现，各种语言教学法也随之应运而生。一定的语言教学方法反映了一定的语言和语言学习理论，因为对语言和语言本质的认识直接影响到教学方法的形成和选择。语育教学大纲的制定、教材的编写、教材的呈现、课堂教学活动的安排等无一例外地体现了教师对语言本质的认识和对语言学习理论的理解。

（二）广义的应用语言学

广义的应用语言学泛指语言学理论的各种实际应用，除了传统的语言文字教学之外，还应用于失语症和宫语病例、人工智能等。以下领域已经成为应用语言学研究的重要分支。

（1）社会语言学。该学科运用语言学和社会学等学科的理论与方法，从不同社会科学的角度研究语言的社会本质、语言与社会之间关系的一门学科，基本出发点是把语言当作一种社会现象来研究，考察语言的社会功能和特征等。

（2）人类语言学。该学科利用人类学的理论和方法，调查言语社区的社会文化、经济结构、宗教信仰、地理环境、意识形态、风俗习惯等，探究语言与文化的关系，如不同文化背景下的亲属称谓、颜色词、动植物词汇、数字词等的文化内涵。人类语言学强调语言与文化、语言与社会背景的密切关系。

（3）心理语言学。言语是通向心灵的窗口，该学科通过语言行为探究语言行为的心理机制，主要包括四个板块：语言习得、语言产出、语言理解和语言丧失。语言习得是儿童语言的习得过程、阶段和顺序。语言产出研究语言的生成过程、影响因素等。语言理解探析语音、词汇、句子和语篇的理解过程及其影响因素。语言丧失研究由于疾病、事故、年龄等原因导致语言的部分或全部丧失。

（4）数理语言学。该学科运用数学的理论和方法研究语言现象。数理语言学按照研究领域可以分为三个方面：①代数语言学，采用集合论、逻辑数理等离散的代数方法对语言的形式结构进行严格的数学描述；②统计语言学，采用概率论、数理统计等方法对语言结构和语言单位、语言变异等方面进行频率和概率统计；③模糊语言学，运用模糊集合论和现代语言学的基本理论来分析语言的模糊性。人类的诸多层次都存在着模糊性，如语音、词汇、句法、语义、语用、语篇等。

（5）计算语言学。该学科是语言学与计算机研究相结合而形成的一门应用语言学分支，是通过计算机处理人类语言的一种理论研究方法，通过对语言数据的分析，获取各种语法规律，实现对自然语言形式化的处理，有着明确的应用目标——语音合成、语音识别、信息检索、信息抽取、机器翻译等。

（6）神经语言学。该学科主要研究语言的习得、生成和理解的神经机制，通过分析大脑如何产生、接收、分析、储存和提取语言信息，从而探究大脑与语言的关系。现代神经语言学主要通过两种方法来研究人脑：病理学方法和电子生物方法。前者主要关注失语症者的神经机制研究，后者主要运用ERP（事件相关电位）、MRI（功能性磁共振成像）等高科技手段对正常人的大脑进行研究。

（7）病理语言学。该学科利用医学技术和语言学的理论与方法研究、治疗语言功能紊乱和语言障碍，又称为临床语言学。研究的内容主要有失语症的描述、分类、原因探析和治疗，大脑功能单侧化与语言中枢。

（8）语料库语言学。该学科是一种以语料库为基础的研究方法。语料是通过计算机收集的、具有一定规模的、为实现特定目的的语言材料。可以是口头的，如中国英语专业大学生专业四级口试语料库，可用于研究口语特征、中式英语、语用失误等；也可以是书面的，如中国大学生英语写作语料库，用于研究英语写作中的错误分析、篇章结构、思辨能力等。

（9）地理语言学。该学科从地域分布的角度来研究语言或方言，把语言社区的地理位置与该社区的历史发展联系起来加以研究，阐述一个地区某些语言在语音、词汇和语法等类型上的相似性，并将这些语言进行分类，从而发现语言变迁的痕迹。

（10）侦查语言学。该学科运用现代语言学、刑事侦查学以及文件检验学的理论和方法，对案件语言材料进行研究，探讨言语行为的形成和演变规律，寻求作案人的言语特点，解释其身份特征，为侦破案件提供有力的线索。

（11）词典学。该学科研究按什么范围收词，按什么原则释义以及针对什么目标编纂词典。词汇编纂对词项进行收集整理、比较、注释和分类，并编撰成书，使词汇知识系统化。词典门类繁多，各具特色。就语言学习者来说，有语言类工具性词典，也有专业学习词典，如语言学词典，文学词典、翻译词典等。

（12）文体学。该学科研究文本体裁的特征、本质及其规律，是对文本风格变异的研究。人们在不同的场合使用不同的表达方式。拿词汇来说，基本意思相近的词语体风格不同。

（13）人名学。该学科研究人名的产生和发展、结构、社会功能、地理分布、种类和意义。人名可以反映一个民族的文化、历史和风俗习惯。

（14）地名学。该学科研究地名的由来、语词构成、含义、语言特征、演变、功能、分布规律以及地名与自然和社会环境之间的联系。

第二节　应用语言学的研究内容

一、国外应用语言学的发展

（一）应用语言学概念的形成

早在19世纪初，语言理论方面的研究和应用方面的研究就已经开始分化了，语言教学虽然还没有被冠以应用语言学的名称，但在实际上已经同着重探讨历史比较的"语言学"分了手。只是那时还没有正式出现"应用语言学"这个术语，因此也就谈不上把语言教学看作应用语言学的一个分支。直到19世纪末叶，才由波兰语言学家博杜恩·德·库尔特内首先提出"应用语言学"这个术语。1870年，他在一篇文章里指出应该区分纯粹语言学和应用语言学，并说所谓应用语言学也就是运用纯粹语言学的知识去解决其他科学领域的各种问题。但是，他只是提出了应用语言学这个术语，并没有明确界定它的研究对象和范围，更没有提出统一的理论和概念体系，因而未能引起广泛的注意。

应用语言学的建立有赖于政治经济尤其是科学技术的发展需要，它与语言学自身的发展也息息相关。20世纪以来，语言学获得了蓬勃发展，日益成为一门领先的科学，尤其是近三四十年来，现实生活向语言科学提出了一系列与科学技术、政治经济的发展有密切关系的新任务，语言学的应用范围也因此得到了空前的扩大，除了外语教学，还拓展到语言规划、语言信息处理的领域。

（二）应用语言学在欧美的进一步发展

20世纪五六十年代，应用语言学在欧美各国获得了蓬勃发展。当时，由于政治、经济、军事、科技、文教、旅游等事业的需要，世界各国都在大力发展外语教育，特别是美国和英国，更是大力发展对外英语教学。在这个时期，乔姆斯基的生成语言学异军突起，并向描写语言学提出了挑战。20世纪60年代以后，语言学研究出现了一派百家争鸣的繁荣景象，新的语言学科和语言学派层出不穷，应用语言学受到这种景象的启示，语言教学不再局限于教学方法之争，而开始寻求解决语言教学更深层次的问题，在语言学新思想的冲击下，语言教学把培养语言的交际能力作为主要的目标，并把教学方法的研究上升到教学大纲的研究。20世纪70年代以后的应用语言学家往往以教学大纲为中心提出他们的教学主张，注意学习者在教学过程中的决定性因素，开展对语言学习过程的研究，从事语言教学研究的应用语言学家十分重视实地调查和科学实验，使语言教学的研究摆脱了思辨性的讨论，且带有强烈的实验科学的色彩。

期间，欧美各国的应用语言学显然已经不限于语言教学了。社会语言学、心理语言学、数理语言学、计算语言学都得到了相当程度的发展。至于在俄罗斯，由于历史背景和社会状况的不同，俄罗斯传统的应用语言学指的是本族语和非本族语的教学、语言的翻译、辞典编纂、创制民族文字、语言修养、正字法和标点符号的用法等，新兴的应用语言学则主要指的是机器翻译和情报检索。应用语言学的范围大大地拓展了。

应用语言学研究范围日益扩大，从国际应用语言学协会（International Association of Applied Linguistics）活动中也可以明显地看出来。国际应用语言学协会设有19个科学委员会。它们的研究领域如下。

——成人语言教学

——应用计算语言学

——儿童语言

——对比语言学与偏误分析

——言谈分析

——教育技术与语言培训

——多语环境下的语言教育

——语言与性别

——特殊用途的语言（如聋哑人的手势语）

——语言规划

——语言测试

——词典编纂与词汇学

——母语教育

——心理语言学

——修辞学与风格学

——第二语言习得

——社会语言学

——术语学

——翻译

这些研究领域显然已经远远地超出了传统的语言教学的范围。例如，1984年召开的第7届国际应用语言学会议讨论的议题如下。

——发展中国家的语言问题。例如，殖民主义的语言后果、多语环境中的交际活动、民族语言问题、洋泾浜语言和克利奥尔语言、母语教学、扫盲。

——语言与社会。例如，多语问题、跨文化问题、语言规划、社会交际问题、少数民族语言、移民和移民教育、语言与性别。

——语言与心智。例如，儿童语言、第一语言习得、语言的记忆与感知、神经语言学、非正常语言行为。

——母语和外语的教学。例如，语言教学方法、语言教学技术、成人语言教育、语言测试与评价、语言的对比分析、偏误分析。

——语言的通信与相互交际。例如，口译、笔译、风格学、言谈分析、术语学、词典编纂、特殊用途的语言。

——逻辑语言学。例如，数理语言模型、语言工程、计量语言学、语言与逻辑。

这些议题也大大地超出了传统的语言教学的范围。1996年召开的第11届国际应用语言学会议讨论的议题，涉及语言教学、心理语言学、社会语言学、语用学、语言测试与评估、翻译理论与实践、自然语言信息处理、语言与科技、语言文化学、生态语言学等，显然也远远地超出了传统的语言教学的范围。

由此可见，我们再也不能把应用语言学仅仅限制在语言教学的狭窄范围内了，我们应该拓展应用语言学的范围，这不仅是学科发展的必然结果，也是客观现实对应用语言学提出的新要求。

自然语言的信息处理是应用语言学的一个极为重要的部门，它的历史比语言教学短，但是它对于应用语言学在信息时代的新发展却起着举足轻重的作用。当然，应用语言学中像自然语言信息处理这样的新分支的出现和发展，并不意味着应用语言学的一些旧有的分支，如语言教学、语言规范化、文字创制、术语学、社会语言学、心理语言学、人类语言学、地理语言学、神经语言学、病理语言学、语言风格学、实验语音学、人名学、地名学等已不再重要，我们认为，从应用语言学的总体来考虑，语言教学、语言规划、语言信息处理应该是应用语言学的三大应用分支学科，它们像三根顶梁柱，支撑着应用语言学的大厦，而其他的各个分支学科，对于应用语言学研究也是必不可少的。

在语言学与语言教学领域，2011年，美国应用语言学学会（the American Association of Applied Linguistics）列出了16个2011年应用语言学年会的研究论题。[①]

——语篇分析与互动

——测试与评估

——双语教育、沉浸式教育、传统教育和少数民族语言教育

——语言与意识形态

——语言及语言学习者特征

——语言和技术

——语言认知和大脑研究

——语言保留和复兴

——语言规划及政策

——语言、文化、社会化和语用学

——阅读、写作和识字研究

---

① 王伟，左年念，王国念.应用语言学导论[M].北京：中国地质大学出版社有限责任公司，2012：3-4.

——二语和外语教学法

——第二语言习得、语言习得和磨蚀

——社会语言学

——文本分析

——翻译和口译

显然，应用语言学在语言教学上的研究更为精细，更加注重实用性。

二、国内应用语言学的发展

我国的语言教学历史悠久，早在春秋战国时代就开始了。不过，当时的语言教学只是为了使儿童获得儒道及文化知识，并没有探讨语言教学的实质，教学经验也都只是零零星星的，并没有对语文教学本身进行系统的理论研究，更谈不上把它当作一门独立的科学来对待。因此可以说，我国古代并无严格意义的应用语言学研究。

应用语言学如语法学一样，也是首先从国外传入我国的，不过它比语法学传入我国的时间更晚。20世纪五六十年代，正当应用语言学在欧美各国蓬勃发展的时候，我国大多数语言学者对此却置若罔闻，直至20世纪70年代末80年代初，我国的外语教师才真正有机会直接接触应用语言学这门新学科，并将其介绍引进过来。

在应用语言学理论指导下，我国的外语教学发展较为迅速，培养了很多优秀人才。引进之后应该是消化和创造，我国应用语言学走的正是这条道路。目前，我国语言学界根据国内实际情况来进行研究，对应用语言学有了新的较为全面的理解，其研究领域拓展到了语言规划和语言文字的信息处理等领域。

第三节　应用语言学理论在英语教学中的应用分析

一、应用语言学理论与语言教学的关系

语言教学实际上属于应用语言学，因此应用语言学与语言教学有着密切的关系。对于语言教师而言，对一些应用语言学知识的掌握能够帮助教师更多地了解语言本质，从而更好地展开语言教学。简单来说，作为一门科学，应用语言学应该成为语言教师的基础性知识。

有人指出，语言教师已经对很多语言知识有所了解和把握，因此不必再浪费时间学习应用语言学，语言教师应该投入更多精力来学习教授语言的方法。这一观点是错误的，教师有必要加深了解他们所教授的语言，不管是出于何种目的，了解这些语言的内在机制对于他们的教学必然有帮助。

著名学者麦克唐纳（McDonough，2000）认为，学习一些描写应用语言学的理论，并将这些理论付诸实践，对语言教学大有裨益。这是因为与那些依靠自己权威而使用"这是例外情况""这是固定说法"的教师相比，这些教师能够使用语言的特点来解释具体的问题，从而使他们对问题的见解更具有说服力。

对语言教师而言，他们不应该仅仅孤立地向学生展示语音、词汇、语法等语言体系，还应该将真实、完整的语言呈现给学生。同时，要想让学生更深层次地了解更真实的语言，教师必然需要应用语言学理论的参与。换句话说，教师应该从应用语言学理论中获取更多的知识，将应用语言学理论中的研究成果进行吸收和利用，并将其运用到语言教学课堂之中。

另外，语言教师还应该认识到应用语言学流派并不是唯一的，而是百花齐放、百家争鸣的，不同的流派之间存在着争议的矛盾，而且可能随时被某一派别取代。因此，教师的任务不是让自己成为一名应用语言学家，而是让

自己能够从众多应用语言学流派中汲取对自己教学有益的成分，从而探寻出合适的语言教学法。

二、应用语言学理论在英语教学的重要性

实用性既是应用语言学的重要特点，也是其积极追求的目标。因此，在应用语言学指导下开展语言教学，应采取多种方法调动学生的学习热情，使他们积极地参与到教学活动中来。此外，在教学活动的开展过程中，也应始终以学生为中心，以此来实现教与学的密切配合，切实提升教学效果。

具体来说，以学生为中心就是要立足于学生的发展，充分尊重学生的主体地位，把学生的健康成长视为一切教育教学活动的出发点，具体可以从以下三个方面入手。

（1）应强调学生的自由、全面发展。学生的全面发展应当包括学生能力的全面发展、学生主体性的全面发展、学生素质的全面发展以及学生个性的全面发展。同时，也应注重学生智慧的培养与生成。学生的学习除了获得知识，更重要的是学习能力的获得、思维习惯的形成。每一名学生都是一个独特的、鲜活的、完整的生命个体，学生的全面发展是集自然生命、社会关系、情感态度以及心理要素于一体的全方位的发展。

（2）应促进学生积极主动地发展。教育过程是一个双向互动的过程，应该把主动权交给学生，让学生处于主动思考、积极探索的积极发展的状态。让学生积极主动的发展，就要尊重学生的主体地位，调动学生的学习能动性，激发学生的潜能及动力，让学生感受学习的魅力、体验学习的快乐。学生积极主动地发展，具有能动性和内发性。"能动性"即受教育者的发展是自觉的、有计划的。"内发性"即受教育者的发展是主动的，是遵循自身愿望的。这就要求广大教师不能只单方面地教给学生现成的知识，还要求教师努力让学生学会如何主动地获取智慧，培养学生积极主动学习的能力。

（3）应推进学生的可持续发展，即学生持续不断地发展和个体素质不断完善的能力。这种可持续发展不仅体现在学生心灵深处与人格完善上，更体

现在精神高度及智慧的升华上。学生的可持续发展体现在以下三个方面。

第一，它强调的是学生潜能的发展。教育的目的就在于让学生的潜能得到充分的发挥与持续不断的发展。

第二，它强调的是学生适应性的发展，即培养学生应对目前及未来生活的各个方面的发展的能力。

第三，它强调的是学生连续不断地发展。伴随着终身教育思潮的兴起，毕业之后的非正规教育也持续地影响其一生的发展。

三、应用语言学理论在英语教学中的应用表现

（一）对课堂教学模式加以应用化改良

英语课堂教学模式一般由导学、讲学、练习和考核四个模块组成，高校师生对这样惯用的教学模式已经得心应手，故而不宜大幅度调整，而要结合现有模式加以应用化改良。英语教师可以从导学、讲学、练习环节入手。在导学部分，教师应启发学生的任务动机，设置合理有趣的课前任务或是让学生自己动手确定学习目标，调动学生参与课堂活动的积极性。在课堂应用交流部分，教师本身要扮演好引导性角色，将社会和教育提出的客观要求内化为学生自身学习和生活的需求，使英语课堂学习成为主动的过程，提高学生的参与感。例如，教师可以设置应用情境，分小组开展英语情境交流，学生以角色扮演的方式围绕主题模拟外语交流场景。此外，课堂讲学部分的教学案例也要具有实用性特征，尽量保证课堂所学即能为生活所用。

（二）教育活动中教师角色的"隐匿"

应用语言学教育理念的引入是需要一个师生思维转变的过程。一开始，学生也许会抱有陌生的参与态度，英语教师也常回到主导的位置上去，情境扮演往往流于形式，学生以完成任务的心态战战兢兢地发言，始终无法提高

参与效果。因此，教师角色的"隐匿"是开展学生为主的教育活动的关键。"隐匿"意味着教师不能重复以往的"带领举动"，要尽量避免师生问答、举手发言的固有思路，创设以有利于学生发挥的生动会话情景，坚决落实学生主体的新英语教学模式。另外，"隐匿"不是放任不管，对于语言范围偏离主题的现象，老师要以参与者的身份介入，及时纠偏纠错。

（三）辅助学生完成"适应"阶段的过渡

当刚开始接触这种新教学思路时，学生处在"适应"的阶段，教师需要考虑学生的感受，对学生的学习态度与方式进行引导，辅助学生进入"应用语言学"的习得范围中。教师需选取合适的教学素材，将应用语言学的概念细致推送至教学活动中，帮助学生建立应用类思维。选取基础英语的引申内容，设计标准化的练习作业，如商业对谈、商务公函开始，再到难度较高的名著选读、影片欣赏，进行阶梯式教学，帮助学生完成从接触到适应的过渡，加大对英语的应用力度。当教学模式改革出现适应性的问题时，英语教师应结合教学实际，针对学生的反应状态尽快开展专项研究，尽快解除学生在听、说、读、写、译层面上的学习障碍。

（四）重视课堂内外应用教育的磨合

强化英语应用能力，光靠课堂上有限的时间是远远不够的。大学阶段，学生的课时安排较为自由，将近一半的学习内容可以布置到课后去完成，促进学生在课堂内外主动应用、练习，以稳定"应用"教学效果。大部分的高校校园网等基础设施齐备，学生终端设备普及率非常高，具备课后进行线上自助式学习的基础，教师利用网络优质教育资源，鼓励学生利用实用性和趣味性较强的手机 APP 组队打卡，采用线上考核等新兴教育形式，促进课堂内外应用教育的磨合交流，补充课堂在利用现代化教育技术手段方面的缺憾。

三、应用语言学理论在英语教学中的具体应用

（一）应用语言学理论在英语知识教学中的应用策略

作为英语教学的重要组成部分，英语词汇教学也与应用语言学有着紧密的联系，将应用语言学理论运用于英语词汇教学，对提高英语词汇教学质量以及培养学生的英语词汇运用能力具有重要意义。

1.应用语言学理论在英语词汇教学中的应用策略

（1）情境输入法

词汇可以根据其语义、用法、构成、搭配等进行分类组合；情境输入法就是通过创设生活中的各种情境进行词汇输入，通过情境输入词汇就是将词汇置于各种情境之中进行学习与记忆。英语教学之所以重视词汇学习的情境是因为词汇的意义受社会文化环境、言语情境和上下文情境的影响十分严重，英语词汇在不同的情境中的意义可能截然不同。由于社会文化环境和地理环境的差异，不同文化历史背景的人所形成的思维方式各有不同，词汇的使用必须依赖于具体的语言环境。因此，词汇不是孤立的，学习一个词必然要涉及这个词的用法及其在句子中的位置和作用。

在英语词汇教学中，丰富和扩大学生的词汇储备是非常重要的，认识和掌握单个词汇是学习的第一步，扩大词汇量是词汇学习的关键步骤，但这两个环节只有在把记单词和具体语境结合起来时才更加有效可行。脱离了语言的语境和语言的使用，再大的词汇量也没有什么用处。因此，在词汇教学中，教师不但要教会学生认识并了解单词，还要让他们掌握单词在具体语境中体现的语法规则和使用特点。具体来说，教师可利用插图、动作表演、列图表、找谐音等活动创设情境呈现单词，这样可以使学生在愉快的课堂气氛中提高对单词的识记、保持、再认和再现效果。

（2）语块教学法

语块包括固定搭配、固定或半固定的短语或习惯用语，使用语块输入法能够使语言输出变得流利、快捷、方便。随着语料库语言学的发展，语块在

语言习得与应用中的地位和作用已成为语言学界日益关注的一个课题。

众所周知，词汇学习不仅要包括词的拼写、发音、派生，还应包括词的搭配、有关短语、可使用的句式、在不同短语和搭配中的不同意义等。因而，在英语词汇输入中，教师应该以语块为单位呈现单词、教授单词。具体而言，语块呈现法就是将词汇搭配、固定用法及词汇类别连在一起传授给学生。

（3）互动教学法

既然互动教学法的主要目的就是使学生掌握相关词汇，那么课堂环境下互动活动的设计也应当为这一目的服务。课堂上教师对互动活动的设计主要包括两类：一类是功能交际活动，一类是社会交往活动。这两类有效的互动活动操作性强，能够引导学生参与有意义的交际活动并使用目标语实现交际目的。

功能交际活动的目的是鼓励学生尽可能依靠已经建立的目标语知识体系实现有效的交际，如解决问题或交换信息，猜词活动就是其中的一类。培养对句子的掌握和运用能力是培养学生交际能力的起点。教师可以借助猜词活动来为学生提供口头使用英语的机会。具体操作方法是，教师首先要求某名学生面向全班站到黑板前，然后另外一位学生将某一刚刚学会的单词写在黑板上，而这个单词须是大多数学生所熟悉的。接下来，全班同学各自用英语解释黑板上的单词，并请那位站在黑板前的学生猜出这个单词的拼法和意义。

教师对社会交往活动的设计既可以基于学生熟悉的场景或事件，也可以是学生不太熟悉但将来可能会遇到的事件。总之，活动的设计可以从简单的交际事件一直延伸到较复杂的交际事件。由于课堂环节的局限性，模仿、角色扮演等便是教师用来创建更加多样化社会语境、反映更加多样化社会关系的重要技巧。通过这些技巧，学生学习词汇的效率就进一步提高了。

2.应用语言学理论在英语语法教学中的应用策略

作为语言的构建依据与规律，语法能够使词汇组成短语、短句、简单句、复合句等多种表达方式。要想准确把握句子的基本结构并理解其深层含义与内在逻辑关系，就必须具备相应的语法知识。因此，从应用语言学视域来对英语语法教学进行探讨具有十分重要的意义。

（1）图式教学法

由于语法本身抽象性的特点，有些语法项目比较难以用语言清晰表达，或表达出来后学生还是感觉很费解，因此可以使用简图、表演、图片等图式使其形象化。例如。在对时间状语从句这一语法现象进行讲解时，教师在对时间状语从句连词的选择和理解时，首先要考虑学生对主句和从句中两个动作的时间关系判断。教师若仅仅用语言阐释while，when，as的区别，由于里面涉及"某一刻时间""某一段时间""短暂性动词""延续性动词"等术语，学生会因语言理解能力和想象力个体差异的不同感觉很抽象，甚至会给一些基础薄弱的同学带来理解上的障碍。而如果教师设计出动作对比的画面，在讲解时辅以简图呈现，学生便对while，when，as三者区别得更清晰、更直观一些。

（2）语法练习法

语法教学作为语言教学中的一项重要内容，其最终目的也是让学生能够将知识运用到实际中，从而更好地培养学生的综合素质和能力，因而就需要教师对语法练习进行科学、合理的选择和设置，有效地组织学生进行语法项目的操练。但是，采用练习法来操练语法项目并不是盲目进行的，而是分阶段进行的，通常需要遵循循序渐进的原则来让学生达到熟练应用的目的。

一般而言，需要先通过模仿、替换，不断重复来进行机械式的训练。机械式练习通常要求学生达到不用理解句子的含义就能做出迅速、正确的反应，紧接着，通过造句、仿句、改句、改错、翻译等方式来内化训练。内化训练通常要求学生围绕教学内容进行，要求学生能够达到熟记、理解的程度，并能做出正确的反应。最后，教师可借助场景对话或问答形式之类的口语训练进行最后的交际操作训练。这种训练方式最终要求学生能将所学的语法知识综合运用，并能组织语言迅速做出反应和回答问题。

（3）情境教学法

运用情境教学法教授语法具体是指教师以情境、案例为载体，对学生的自主探究性学习进行适当地引导，借此来提升学生分析并解决实际问题的能力。具体来说，教师可设置模拟的情境或运用目的语的真实情境教授语法。例如，利用体态语非语言手段、实物、真实情境以及多媒体手段等，使语法教学更为真实、形象、直观、富于趣味性。从实质上来看，情境语法教学法是从传统教辅工具的静态化学习向动态化学习的实质性的飞跃。这一语法教学法对激发学生学习兴趣和提高学习效率大有裨益。

（二）应用语言学在英语技能教学中的应用策略

听、说、读、写、译作为语言五项基本技能，是语言教学的重要内容，也是学生在语言学习中必须掌握的基本技能。这里对应用语言学在英语技能教学中的具体应用进行探讨。

1.应用语言学理论在英语听力教学中的应用策略

我国的英语听力教学经过多年的发展已经积累了样式丰富的教学方法，下面就来详细探讨基于应用语言学理论的听力教学方法，涉及任务型教学法、互动教学法两个方面。

（1）任务型教学法

应用语言学中的交际理论与动态理论认为在听力教学中应该坚持任务型教学法。这是因为任务型教学法要求学生在真实的场景中完成某项任务。学生要听懂一些原汁原味的语料，然后完成任务，这种任务是有目的的交际活动，可能是完成一幅图，也可能是填一张表。[①]一般来说，学生的听力任务主要有如下几种。第一，列举型任务，如学生听完一段材料后，根据一定的顺序或关系，将听到的有关事实罗列出来。第二，排序、分类型任务，要求学生听完材料后将物品、事实或发生动作按时间、逻辑顺序排列。此外，教师还可以将课文图片、段落或重点小结的顺序打乱，要求学生对其重新排序。第三，比较型任务，如要求学生听完材料后对类似的东西、物品等进行比较，找到它们相同之处与不同之处。第四，问题解决型任务，即学生根据听力材料和已有的知识解决听力材料和现实有关的问题。第五，分享个人经验型与创造型学习任务。

---

① 王艳.英语听力教学与研究[M].北京：外语教学与研究出版社，2012.

任务型教学法自出现以来，在我国听力教学中一直备受重视，并且随着教师的改革，听力课堂上的活动也有所变化，如从单纯聆听转变为听说一体，从以前的单向听力转变为双向交流，从面对课堂环境到面对生活中的真实环境，所完成的任务也更贴近生活、更具有实用性。具体来说，任务型听力教学主要包括三个阶段：听力前任务（Pre-task）阶段、听力中任务（While-task）阶段和听力后任务（Post-task）阶段。

①听力前任务

在这一阶段，教师的工作是根据听力材料为学生布置相关听力任务，引导学生了解并掌握足够的语境知识，以激发学生的学习动机。这就要求教师应当尽可能地设计与安排不同形式的听力任务，由浅入深地逐步引入听力材料的主要信息，激活学生脑中已有的知识图式，帮助学生建构新的图式。这有助于学生在一种活跃的氛围和环境中充实背景知识，从而更好地掌握与主题相关的知识图式。

②听力中任务

这一阶段是以学生展示任务完成结果为主的，注重语言的输入与输出相结合。传统的英语听力教学模式为学生听录音—做教材上的练习题—教师核对答案—组织学生再听一遍录音，在这种模式中，学生完全处于被动听的地位。根据克拉申（Krashen）的观点，学习外语必须经过理解大量反复出现的输入语（即可理解性输入）才能完成。学生在接触大量易懂的语言时，借助交际情景和上下文理解输入语，便能掌握其中的句子结构，从而实现语言的交际功能。因此，对学生来说，输入与输出（即听、读与说、写）同等重要，听力教学的意义是将听说活动有机地融入一个教学框架内，帮助学生在真实、完整的交际过程中掌握用英语进行交际的技能。

在任务型听力教学中，教师的教学设计除了要关注教材上有关听力理解的练习之外，还应尽量设计一些问题，给学生开口说英语的机会。例如，教师可以设计一些细节问题，让学生重复听录音之后口头回答；或是一些文章中没有具体答案的问题，这样的问题有助于学生通过听前的图式建构和听中的信息获取积累背景知识，从而在讨论中有话可说。此外，教师还可以设计一些其他形式的听力练习，激起学生参与课堂的积极性。

③听力后任务

听力后任务阶段要针对学生听力任务展示中存在的问题做词汇、语法和听力策略的专项训练。听后的任务不仅是检查答案，而且应该查找学生存在的问题，就存在的问题做相关指导。此外，由于听力材料通常都包含一些运用语言的良好例证，如建议、邀请、拒绝、道歉等。在听力实践后，教师可以让学生回忆这些表达方法，学习使用它们。

（2）互动教学法

应用语言学中的动态理论还要求运用互动教学法展开听力教学。互动教学法是指在听力教学过程中，教师与学生就听的内容展开交流与探讨。在听的过程中，学生不仅需要对听的内容有所理解，还需要根据相应的内容做出反应。在英语听力教学中采用互动教学法，可以将学生的兴趣和积极性激发出来，提高学生对英语听力内容的理解和接受能力，同时通过听力活动有利于学生养成积极思考的习惯。由于听源的不同，互动教学可分为听人说话时的互动以及听录音时的互动。

在听录音时，教师可以采用互动教学法。具体步骤为：在学生听录音时，教师可将听力材料进行分割，分为若干部分。每当听完一部分后，教师可采用提问的方式与学生进行互动交流，以便及时了解和掌握学生对所听内容的理解情况。在此过程中，教师就成为架构学生和录音材料之间桥梁的作用，以实现学生和录音材料之间的互动。

互动教学法也可以在面对面的交流中运用。说话人通过问答形式与听话人展开互动，并从听话人的反应判断听话人是否听懂，然后及时做出解释或者调整。需要注意的是，在互动过程中应该注意时间，因为练习听力是活动的主要目的，所以要注意说话的时间不能过长。

2.应用语言学理论在英语口语教学中的应用策略

口语表达是人们之间进行直接交流所应用的语言，以前口语在很大程度上仅仅是语言学习中书本学问的点缀，在听说法中却走到了舞台的中央，而且使用录音和语言实验室操练的教学技巧，为学习者提供了进行听说练习的机会，使他们在不参与实际会话的条件下，以程式化的刺激与反应形式，演练日常语言对话。

（1）3P教学法

在英语口语教学中，3P教学策略也是一种常用的教学策略。3P教学策略具体包含三个环节，即呈现（Presentation）、训练（Practice）、运用（Production）。这三个阶段遵循由控制到自由、由机械到交际、由准确到流畅的教学程序，并且中心目标明确，教学程序清晰。3P教学法具有时效性强、可操作性、实效性高等特点，能够有效强化学生的语言知识和技能，培养学生的口语能力，提高学生的学习积极性。

（2）任务型教学法

任务型教学法是英语口语教学中的重要方法。它是以学生为中心，以小组合作学习为主要学习形式，以学生完成任务为目标的一种教学法。任务型教学法以任务为导向引导学生参与教学活动，可以有效调动学生的积极性，增强学生的合作竞争意识。具体来说，英语口语教学中的任务型教学法主要有呈现任务、实施任务、汇报任务和评价任务四个步骤。

（3）交际教学法

根据应用语言学中的交际理论，教师可以采用交际教学法展开英语教学。英语口语教学的主要目的就是培养学生用英语进行交际的能力，而交际教学策略正是以此为导向，重点培养学生的交际能力。交际教学策略视教学过程为交际过程，注重学生语言的功能，认为教学内容应以语言功能为主，强调让学生在真实情境中展开交际活动，从而提升表达能力。通常，交际教学策略包含呈现活动和创设情境两种活动形式。

（4）文化导入法

文化差异对英语口语教学以及学生的口语学习有着重要的影响，因此教师在教学中应导入文化知识，以培养学生的文化素养，提高学生的跨文化交际能力。具体来说，教师可以从运用丰富多彩的学习资料和培养学生的文化差异敏感性两个方面着手。

3.应用语言学理论在英语阅读教学中的应用策略

阅读是人们获取信息的重要途径。对学生来说，也是其获取大量语言输入、刺激语言输出的一项重要方式。此外，阅读是巩固词汇、语法等语言基础知识的一个重要手段。因此，阅读教学在整个教学中一直占据重要地位。

下面就从应用语言学理论入手对英语阅读教学进行具体探讨。

（1）技巧教学法

为了帮助学生顺利阅读，教师在教学中要多向学生传授一些阅读技巧，具体来说分为阅读前的技巧、阅读中的技巧和阅读后的技巧三种教学方法。

（2）语篇教学法

语篇教学法是英语阅读教学中的一种重要教学方法。当学生对某一体裁、题材的语篇材料有所了解，就会对其可能涉及的内容、遣词造句、框架结构有一个整体的认知，下次再遇到这类阅读材料时，就能将脑海中对应的图式调出来以辅助阅读理解。因此，英语阅读教学应该从整体入手，然后到局部，最后再回归到整体的一种阅读教学方法。语篇教学法的具体实施步骤包括以下几个方面：解析语篇体裁、激活背景知识、进行整体理解、逐段消化吸收、综合训练巩固。

（3）交际教学法

所谓交际教学法，即运用交际的策略来培养学生的阅读理解能力。交际教学法能充分调动学生的积极性、主动性，既能活跃课堂气氛，有利于自由愉快、灵活多变学习方式的创建，又可以开阔学生的思维，有助于学生交际能力的形成。学生在获得交际能力的同时，也能检查和提高自己分析、归纳、总结的能力和阅读理解的能力。

（4）文化讨论法

根据文化图式理论，在阅读教学中，教师可以适时导入文化知识，将英语文化分为若干细小的主题，定时组织全班学生针对特定的主题进行讨论，并在此过程中给予及时的监督和指导。经过讨论和头脑风暴，学生不断积累文化背景知识，并且可以有效地解决某些跨文化交际问题。相对于不同的文化主题，学生把握和讨论的难度也各不相同。教师首先要确定一个合适的、可以引起学生兴趣的主题，另外还要在整个讨论过程中处于支配和控制地位。在实际教学中过程，教师需要一点一点地增大文化主题的难度，而不能一蹴而就，而选择从高难的主题入手。随着讨论的主题数量的增多，学生掌握的文化背景知识也相应地增多。

4.应用语言学理论在英语写作教学中的应用策略

写作是英语重要的基本技能，是英语综合运用能力的重要体现。其不仅以语言知识为基础，还需要其他技能的配合与支持。正因为如此，写作教学在我国英语教学中一直占据重要地位。但从实践教学来看，写作一直都是我国学生的薄弱项，写作教学也是我国英语教学中的难点。下面从应用语言学视角出发，对当代英语写作教学展开具体分析。

（1）基本策略教学法

英语写作的过程通常包括选题构思、开篇、段落展开、结尾等环节，在这一过程中会用到多种写作策略，教师在教学过程中应注意向学生传授这些策略，帮助其顺利进行写作，具体包括选题构思策略、开篇策略、段落展开策略和结尾策略四种类型。

（2）语块教学法

根据语块教学理论，本族语人的语言之所以流利，是因为们的词汇不是以单个词存储在记忆里，而是以短语或大的语块形式存储在记忆里，在使用的时候能够作为整体提取出来，从而减少了资源信息处理的困难。[①]相比之下，学习单个词汇的学生在表达思想时就需要付出更多的努力。根据这种情况，教师在教学中就可以采用语块教学法，培养学生运用语块的意识，促使学生不断积累语块，以使学生在写作过程中可以迅速提取并直接运用，提高语言表达的自动化程度，从而写出地道、精美的文章。

[①] 杨娜，何赟，苏冲.应用语言学视角下中国大学英语教学研究[M].长春：吉林教育出版社，2020.

参考文献

[1]（加）H. H. 斯特恩.语言教学的基本概念[M].刘振前，宋青，庄会彬译.北京：商务印书馆，2018.

[2]（美）罗斯（Rose，K. R.）等.语言教学中的语用学[M].北京：世界图书出版公司北京公司，2006.

[3] Sabine De Knop，Frank Boers，Antoon De Rycker.用认知语言学提高语言教学效率[M].上海：上海外语教育出版社，2018.

[4] 北京市语言学会.语言学和语言教学[M].合肥：安徽教育出版社，1984.

[5] 陈昌来，刘承峰.现代语言学[M].上海：学林出版社，2019.

[6] 陈新仁.汉语语用学教程[M].广州：暨南大学出版社，2017.

[7] 崔希亮.语言学概论[M].北京：商务印书馆，2006.

[8] 戴卫平.语言学理论·语言教学[M].广州：世界图书出版广东有限公司，2014.

[9] 戴昭铭.文化语言学导论[M].北京：语文出版社，1996.

[10] 冯华，李翠，罗果.英语语言学与教学方法研究[M].长春：吉林人民出版社，2019.

[11] 郭慧莹.应用语言学理论视阈下高校英语教学实践研究[M].北京：冶金工业出版社，2019.

[12] 郭娟.外语教学与语言文化[M].长春：吉林文史出版社，2016.

[13] 郭曙纶.汉语语料库应用教程[M].上海：上海交通大学出版社，2020.

[14] 何安平.语料库语言学与英语教学[M].北京：外语教学与研究出版社，2004.

[15] 何自然.语用学探索[M].广州：暨南大学出版社，2012.

[16] 胡壮麟，朱永生，张德禄，李战子.系统功能语言学概论（修订本）[M].

北京：北京大学出版社，2008.

[17] 胡壮麟.语言学教程[M].3版.北京：北京大学出版社，2007.

[18] 黄国文，辛志英.系统功能语言学研究现状和发展趋势[M].北京：外语教学与研究出版社，2012.

[19] 贾爱武，濮建忠，高军.语料库语言教学与研究[M].杭州：浙江工商大学出版社，2017.

[20] 姜望琪.当代语用学[M].北京：北京大学出版社，2003.

[21] 井凤芝，郑张清.语言学[M].昆明：云南人民出版社，2012.

[22] 蓝纯.语言学概论[M].北京：外语教学与研究出版社，2009.

[23] 李军华.语言与语言学理论专题十二讲[M].湘潭：湘潭大学出版社，2016.

[24] 李双玲，邹艳丽，毛中婉.理论语言学及应用语言学中的语料库研究[M].成都：西南财经大学出版社，2020.

[25] 李婷婷.语言学视阈中的现代汉语词汇认知及其教学研究[M].北京：北京理工大学出版社，2019.

[26] 李瑛，王莲，田召见.认知语言学理论与应用[M].北京：中国经济出版社，2019.

[27] 梁茂成.什么是语料库语言学[M].上海：上海外语教育出版社，2016.

[28] 廖美珍.语言学教程（修订版）精读精解[M].成都：西南交通大学出版社，2009.

[29] 刘传启.语言学概论[M].北京：北京希望电子出版社，2016.

[30] 刘国兵.语料库语言学与外语教学[M].北京：中国社会科学出版社，2019.

[31] 刘正光，李雨晨.认知语言学十讲[M].上海：上海外语教育出版社，2019.

[32] 孟凡茂，孟凡艳.应用语料库语言学[M].北京：九州出版社，2017.

[33] 潘璠.语料库语言学研究实践[M].武汉：武汉大学出版社，2020.

[34] 彭宣维，王勇.功能语言学[M].上海：上海外语教育出版社，2019.

[35] 束定芳，庄智象.现代外语教学：理论、实践与方法[M].上海：上海外语教育出版社，2008.

[36] 孙凯元，张焕芹，王澄林.应用语言学导论[M].沈阳：东北大学出版社，2018.

[37] 孙茂华.应用语言学理论与英语教学实践探究[M].重庆：重庆出版社，2018.

[38] 孙晓红，刘邦凡.语言逻辑与语言教学研究[M].长春：吉林出版集团股份有限公司，2017.

[39] 谭爱平.认知语言学理论研究[M].成都：西南交通大学出版社，2017.

[40] 万红梅.语言学视角下的大学英语教学研究[M].北京：中国纺织出版社，2017.

[41] 王德春.普通语言学[M].上海：上海外语教育出版社，2011.

[42] 王鸿滨.语言学通论[M].北京：中国广播电视出版社，2017.

[43] 王华，崔俊影，经芳.语言学[M].延吉：延边大学出版社，2018.

[44] 王伟，左年念，王国念.应用语言学导论[M].北京：中国地质大学出版社有限责任公司，2012.

[45] 王远新.语言学教程[M].3版.北京：中央民族大学出版社，2017.

[46] 文秋芳.认知语言学与二语教学[M].北京：外语教学与研究出版社，2013.

[47] 夏中华.语言·语言教学论稿[M].沈阳：辽宁人民出版社，2007.

[48] 向星蓓，谢韵颖，李璐.语言学和现代语言艺术[M].芒市：德宏民族出版社，2018.

[49] 邢福义.文化语言学（增订本）[M].武汉：湖北教育出版社，2006.

[50] 许丹丹，陈荔.功能语言学与英语教学研究[M].长春：吉林大学出版社，2019.

[51] 许家金.语料库语言学第11辑[M].北京：外语教学与研究出版社，2019.

[52] 杨德爱.语言与文化[M].昆明：云南大学出版社，2020.

[53] 杨静.现代语言学流派与英语教学探究[M].北京：中国商业出版社，2019.

[54] 杨立刚.对比语言学视角下的外语教学研究[M].哈尔滨：哈尔滨工程大学出版社，2013.

[55] 杨娜，何赟，苏冲.应用语言学视角下中国大学英语教学研究[M].长春：吉林教育出版社，2020.

[56] 杨娜，何赟，苏冲.应用语言学视域下的当代英语教学新探[M].北京：中国水利水电出版社，2019.

[57] 姚小平.如何学习研究语言学[M].北京：北京大学出版社，2013.

[58] 叶翠英.语料库语言学的研究方法[M].上海：上海交通大学出版社，2017.

[59] 叶蜚声，徐通锵.语言学纲要（修订版）[M].北京：北京大学出版社，2010.

[60] 伊秀波.应用语言学语言学习与语言教学[M].长春：吉林大学出版社，2004.

[61] 于根元.应用语言学概论[M].北京：商务印书馆，2003.

[62] 余东明.什么是语用学[M].上海：上海外语教育出版社，2011.

[63] 曾方本.现代语言学理论与外语多媒体教学[M].广州：暨南大学出版社，2010.

[64] 曾蕾，廖海青.功能语言学与外语教学研究[M].北京：外语教学与研究出版社，2010.

[65] 曾文雄.语用学翻译研究[M].武汉：武汉大学出版社，2007.

[66] 张德禄，苗兴伟，李学宁.功能语言学与外语教学[M].北京：外语教学与研究出版社，2005.

[67] 张杲.语言学与翻译[M].长春：吉林人民出版社，2017.

[68] 张丽霞.现代语言学及其分支应用语言学的理论与实践研究[M].北京：中国大地出版社，2019.

[69] 张丽亚.现代英语语言学研究[M].长春：吉林人民出版社，2019.

[70] 张庆宗，吴喜艳.新编应用语言学导论[M].武汉：武汉大学出版社，2019.

[71] 张秀萍.认知语言学理论视角下英语教学新向度研究[M].北京：中国商务出版社，2017.

[72] 周榕，郭沫，秦波.英语翻译与语言学[M].合肥：安徽师范大学出版社，2019.

[73] 朱永生，严世清.系统功能语言学多维思考[M].上海：上海外语教育出版社，2001.

[74] 陈婕.语义学在语言教学中的运用[J].职业教育，2016（5）：175-176.

[75] 胡壮麟.后韩礼德时代功能语言学的发展趋势[J].当代外语研究，2021（1）：44-53+2.

[76] 李梦洁.从语言学视角分析几种第二语言教学方法[J].品位经典，2020（7）：129-130.

[77] 李倩倩.试析应用语言学理论下的语言教学[J].科学咨询（教育科研），2020（4）：57-58.

[78] 李洋.建构主义与英语语言学课堂教学研究[J].校园英语，2021（7）：58-59.

[79] 廖彦婷，王月.语用学理论对语言教学的影响[J].重庆电子工程职业学院学报，2011（3）：124-125.

[80] 刘蕾.认知语言学理论在英语教学中的应用[J].哈尔滨师范大学社会科学学报，2015（3）：174-176.

[81] 缪海涛.探析语言学研究的认知功能模式[N].中国社会科学报，2020-12-22（003）.

[82] 钱鑫垚.论语言学理论与外语教学法的关系[J].教育现代化，2020，7（12）：113-115.

[83] 徐晓飞，房国铮.文化语言学与外语教学[J].教育探索，2011（8）：34-35.

[84] 严春艳.应用语言学视角下的语文教学研究——评《当代应用语言学》[J].语文建设，2021（6）：86.

[85] 张亚敏.语用学在语言教学中运用的研究[J].湖南城市学院学报，2016（1）：339-340.